讓生命潛能 帶你探索心靈世界的真、善、美
Life Potential Publishing Co., Ltd

# 身心平衡

# Body-Mind-Balancing

## 與你的身體和心理對話


奧修 OSHO 著 陳明堯 Gyan Purana 譯


Reminding Yourself of the Forgotten Language of Talking to Your Mind and Body

奧修靈性成長系列

未曾誕生

未曾死亡

只是

從一九三一年十二月十一日

到

一九九〇年一月十九日

拜訪這個星球

OSHO

# 目錄

## 附錄

# 前言

## 身體是可見的靈魂

這個世界需要一種全然不同的教育，將每一個人引導到內心的寧靜——靜心——當中，所有人都準備好善待自己的身體。因為除非你善待自己的身體，否則善待別人是不可能的。身體是一個活生生的有機體，它不曾傷害你，出生之後它就不斷服侍著你，直到你死，一切你想做的它都全力以赴，就算是難以忍受的事，它也絕不會違背你的意願。

這麼順從和充滿智慧的機制是令人無法想像的，如果你能覺察到身體所有的功能，你將會大吃一驚。你不曾思考身體在做些什麼，它是如此的神奇、如此的奧祕，你不曾深入它，不曾費心去了解它，然而卻侈言去愛人，這是不可能的，因為別人也是以身體的形式出現在你面前。

整個存在最大的奧祕就是身體，這個奧祕需要被愛——它的奧祕、它的功能必須被深入。

很不幸，宗教始終是反對身體的，但這也透露、明白地告訴你：一個學會身體智慧與奧祕的人，永遠不會被教士或神所困擾，他會在內在找到最大的奧祕，同時，身體的奧祕也是意識的神殿。

一旦覺察到你的意識、你的本性，那個高高在上的神就不存在了，只有這樣的人才值得其他人類、其他生命所尊敬，因為他們本身就是奧祕，換言之，每個人的獨特性富饒了生命。當一個人於自己內在發現了意識，他就發現了通往終極的鑰匙；然而任何教育都沒有教你去愛自己的身體、憐憫自己的身體，也沒有教你如何進入它的奧祕，更無能教你如何進入自己的意識。

身體是入口——是踏腳石，那些沒有觸及到你的身體與意識的教育不僅是絕對的不完整，而且還帶來極大的傷害，因為它一直侵蝕著你。唯有內在意識的綻放才能使你免於被侵蝕，帶給你莫大的創造力——為這個世界創造更多的美、創造更多的舒適。人需要更好的身體、更健康的身體。

人需要更多的意識、更警醒的本性。人需要存在早已準備給他的種種舒適和享受，存在此時此刻就準備給你天堂樂園。

身體是可見的靈魂，
而靈魂是不可見的身體。
身體和靈魂沒有任何一部分是分離的，
它們是彼此的一部分，
它們是這整體的一部分。
你需要接受你的身體，
你需要愛護你的身體，
你需要敬重你的身體，
感激你的身體……

身體是宇宙裡最精緻的結構，
它是如此的不可思議！

那些能夠感受到這份奧妙的人，
才是真正幸運的人。
開始去感受你身體所擁有的這份奧妙，
因為在所有的事物裡，
它是接近你的方式，
大自然最能夠接近你、
神最能夠接近你的方式就是透過身體。

在你的身體裡有著海洋的水，
在你的身體裡有著星辰與太陽的火，
在你的身體裡有著空氣，
你的身體是由大地所創造出來的，
你的身體代表了這整個宇宙以及所有的元素，
這是什麼樣的一種蛻變、什麼樣的一種變化啊！

看一看大地，看一看你的身體，
這是什麼樣的一種演變，
而你卻從來不曾感受過它的奧妙。

塵土能夠變得如此宏偉，
還有什麼比這更奧妙、比這更偉大的奇蹟？
而你每天都不斷地看見這個奇蹟的發生，
蓮花從淤泥裡綻放，
而從塵土裡升起的是——
我們美妙的身體。

身體是可見的靈魂，
而靈魂是不可見的身體。

# 第一章　身體的智慧

西方的醫學把人視為一個孤立的單位，一個與自然隔絕的單位，這是有史以來最大的錯誤之一。人是自然的一部分，人的健全只不過是與自然安然共處。

西方的醫學以機械的觀點來看待人，所以凡是對機械有效的，對人也有效。但人並非一具機械，人是一個有機的整體，你不能光是治療病徵的部分，病徵只是整體處於困境的一個徵兆，只是最脆弱一環的表現。

你治療病徵的部分，而且也獲得了成效……可是病徵又遷移到身體別處。你壓抑病徵來免除病苦，可是卻強化了它。你不了解，人是一個整體：不管是生病還是健康，那都沒有差別，人應該被視為一個有機整體。

有一個非常基本的了解是：身體隨時準備好傾聽你──可是你從不曾與

它說話，不曾與它有任何溝通。你待在身體中、使用它，但卻不曾感謝它。身體服侍你，而且是盡一切智慧在服侍你。

自然深知身體比你來得有智慧，因為自然把一切重要的都交給身體，而不是交給你，譬如呼吸、心跳，或者是血液循環、食物的消化作用——你並不擁有這些作用的控制權，否則，事情早被你搞得一團糟。

如果呼吸交由你掌控，你早就死了，根本不可能存活下來，因為你隨時會忘了這回事。與別人打架的時候，你會忘了呼吸這回事；晚上睡覺的時候，你會忘了呼吸這回事。你怎麼可能記得要呼吸呢？而且，你知道消化系統要做多少工作嗎？你以為把食物吞進嘴裡就是件了不起的事了，然而這是人人皆會的一件事。

在第二次世界大戰的時候，有一個人的喉嚨被子彈射穿了，因此他的食道必須被封起來，醫生在他的胃旁造了一個外露的人工食道，用這根管子來進食，可是這毫無樂趣可言，即使是把冰淇淋往裡頭塞……還是令他非常不悅。

他說：「我根本無法品嚐任何食物。」

後來醫生建議他：「可以這麼辦，你先品嚐食物，然後再把它們塞進管子。」他如法炮製了四十年，他會先咀嚼食物並享受一番，然後再將它們塞到人工食道去。

這條管子稱職得很，因為你身體裡的食道只不過是一條包覆在皮肉裡頭的管子罷了，只不過這個人比較可憐，他的食道是暴露在外的，可是這樣比你們來得好，那有助於食道的清理或是什麼的。

整個消化系統處處展現著奇蹟。科學家認為，如果我們要完成一個消化系統的所有工作——只是一個人的消化系統——等於需要一間大工廠來把食物轉化成血液，分解出所有的營養素，然後將它們分送到各個特定部門。有的元素是腦部需要的，所以必須藉著血液循環將它們運送到腦部；眼睛、耳朵、骨頭或者是皮膚，都有各自需要的元素，這麼龐雜的工作，身體竟然可以完善地運行七十、八十或九十年——但是你對它的智慧卻視若無睹。

大家都聽過煉金士吧？他們企圖點石成金，可是你的身體比他們厲害多了——它持續將你囫圇吞進身體的垃圾轉化成血液、骨頭，不只如此，還將這些東西轉化成你的腦袋。像冰淇淋、可樂，都不斷被製成你的腦袋，可能因此造就出一個愛因斯坦、佛陀、查拉圖斯特拉、老子，你看有多神奇！

腦袋只不過是個包覆在斗大頭骨裡的小東西……但光是一個腦袋就足以裝下全世界的圖書館，它的容量幾乎是無限的，是最龐大的記憶系統。如果要造出同樣容量的電腦，就需要非常大的空間才辦得到，可是斗大的腦袋卻有這種能力。

固然科學已經非常發達，依舊無法將冰淇淋轉化成血液；科學家試了又試，企圖將冰淇淋變成血液，可是依然找不出線索，那就更不用說將冰淇淋轉變成腦部組織了！或許根本不可能，就算可能，那也是腦袋的功勞，又是腦袋的一項奇蹟！

一旦你開始與身體溝通，事情將變得非常容易。身體是無法硬來的，你必須說服它。不需要對身體有所對抗，因為那是醜陋的、暴力的、好鬥的，任何衝突都會引發更多、更多的緊張。所以不需要有任何的衝突，讓舒適成為你的準則。身體是神賜給你的美妙禮物，對抗它就是否定神。身體是一座神龕……我們被珍藏在其中，它是廟宇，我們活在其中，無微不至地照顧它是我們的責任。

**傾聽身體，順從身體，絕對不要以任何方式壓制身體**。身體是你的地基，一旦你開始了解自己的身體，百分之九十九的痛苦就會消失無蹤，然而你並不傾聽身體。

當身體說：「停！別再吃了！」但你還是不知節制地吃，你只聽信頭腦的話：「這東西太好吃了、太可口了，多吃一點吧！」你不聽身體的，身體已在作嘔，你的胃正在說：「停！太多了！我不行了！」可是頭腦卻說：「瞧瞧這美味可口的……再來一點！」你一直對頭腦言聽計從。如果你聽從身體的，九成九的痛苦將會消失，剩下的百分之一將是意外的發生，不會成為真的難題。

然而我們對身體的關注一開始就被扭曲了，我們被遠遠地帶離身體。嬰孩因飢餓而哭泣，但他的母親卻望著時鐘，因為醫生說每隔三個鐘頭才可以餵奶；母親注意的不是嬰孩，可是嬰孩才是真正的重點，不過她還是聽從醫生的指示，繼續望著時鐘，然而嬰孩正哭喊著食物，食物是他即刻的需要。這個時候如果不給他食物，就是扭曲了他對身體的關注。

用安慰代替食物是種蒙蔽，你正在欺騙他，你給的是某種虛假的、不自然的東西，你在扭曲、破壞他身體的敏銳性。身體的智慧沒有絲毫機會發言，因為頭腦已經介入了。

小孩被哄騙之後睡著了，過了三個鐘頭，餵奶的時間到了，這個時候嬰孩正熟睡著，他的身體正睡得香甜，可是你又將他喚醒，因為醫生說這個時候該餵奶了——你再度破壞了他身體的韻律。漸漸地，他的本性完全被扭曲變形，終有一天會失去所有身體的韻律，完全不曉得身體要的是什麼。

長大後不管是要做愛還是不要，他都不曉得，因為一切都要由外在來決定，現在的他只有在閱讀《花花公子》時才會想要做愛。這種做愛是愚蠢的，是頭腦的把戲，這樣的愛不可能是偉大的，好像是打了一個噴嚏、緩解一下而已，一點也不是愛。

愛怎麼可能經由頭腦發生呢?頭腦對愛一無所知。對頭腦來說,愛是一項責任;你有妻子,你有丈夫,因此必須做愛,那是一項責任。你每晚盡職地、戒慎地做愛,不帶絲毫的自發性,於是你擔憂起來,因為你無法滿足,你開始去找別的女人,開始推論說:「或許這個女人不適合我,或許她不是我的靈魂伴侶,不是為我量身訂做的,反之亦然,因為我們倆並不相配。」

問題並不出在這個女人身上,也不是出在你身上;問題在於你沒有在自己的身體上,她也沒有在自己的身體上。如果人們都能夠安住在自己的身體裡,那就沒有任何人會錯過你們稱之為高潮的美妙經驗。如果人們安住在身體裡,那麼透過高潮的體驗,他會首度瞥見神。

聽從自己的身體,遵循它。頭腦是愚笨的,身體是聰明的,**深入自己的身體,你會在那個深處發現自己的靈魂,靈魂就隱藏在身體的深處。**

身體是一樁奇蹟,身體是極其美妙、極其複雜的,其複雜和微妙是任何事物都望塵莫及的。你對它一無所知,你看到的只是鏡子裡的映象罷了;你

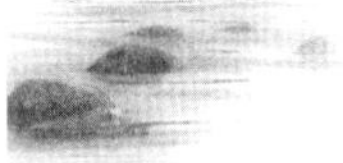

不曾從內在去注意它，不然你會知道它本身就是一個宇宙，這就是神祕家始終在說的：身體是一個具體而微的宇宙。如果你從內在去看它，浩瀚無垠將是它的面貌——無以計數的細胞，每一個細胞都有自己的生命，以令人幾乎無法置信的方式，充滿智慧的方式在運作。

你將食物吃進身體，然後身體就將它們轉化成血液、骨髓、骨頭；你將食物吃進身體，身體就把它們轉化成意識、思想。這樣的奇蹟隨時都在發生，每一個細胞皆有系統、有條不紊、非常有紀律地運轉著，這似乎不可能——因為有無數的細胞存在，光是一個人的身體就有七千萬個細胞——也就是有七千萬個靈魂，每一個細胞都有自己的靈魂，這樣的話，它們要如何運轉？如何連續不斷、有節奏、和諧一致地運轉？而且，無數的細胞組成你的眼睛、皮膚、肝臟、心臟、脊髓、智力以及頭腦；這些細胞固然各司其職，但它們依舊是同樣的細胞，微妙地、默默地運轉著。

洞穿身體，深入它的奧祕，因為你根植於那裡。身體是你的大地，你在身體裡發芽茁壯。你的意識猶如身體上的一株樹木，你的思想猶如果實，你的靜心猶如花朵，但你依舊根植在身體，身體是你的支柱，支撐著一切。身體支撐著你的愛意、支撐著你的憎恨；你想要殺人，身體支持著；當你想要保護某人，身體也是支持著。慈悲、愛、憤怒、憎恨，不管任何方面，身體都是支持你的。你根植於身體，身體滋養著你，甚至在你領悟到自己的真相時，身體也支持著你。

**身體是你的朋友，不是敵人**。傾聽它的語言，了解它的語言，漸漸地，當你可以進入身體這本書並且閱讀它的時候，你將會覺察到，整個生命的奧祕就濃縮在你的身體裡。無限放大後的身體有如一個世界，如果將世界濃縮，那就是你眼前的這個身體。

身體含藏了一切的奧祕，整個宇宙的奧祕都在裡頭，所以身體是宇宙的縮影，大小是它們唯一的差異。光是一個原子就擁有一切物質的奧祕，同樣的，身體也擁有整個宇宙的奧祕。不必往外探索什麼奧祕，你只需向內走。身體必須被善加照顧，不應違逆它，不應譴責它，如果你譴責，你就是譴責神，因為身體的最深處是神的住所，神選擇了身體做為祂的住所。因此要尊重你的身體，愛它、關懷它。

那些所謂的宗教在人與身體之間製造了許多的對立。沒錯，你不是身體，但那不意謂著要對抗身體；身體是你的朋友，它可以引你下地獄，也可以帶你上天堂，它只不過是一介工具，是中立的，不論你要去哪兒，它都在一旁待命，它是一具複雜無比的機制，很美妙、很有紀律。愈了解身體的人將愈敬畏身體，那就更不用說是敬畏宇宙了——即使是這麼小的身體也包含這麼一個奇蹟，因此我才說身體是神性的廟宇。

一旦你改變了對身體的態度，要向內走將會更容易，因為身體已對你敞開，它會允許你進入，開始向你顯露奧祕。這就是所有瑜伽、道家的第一個祕密。

瑜伽不是源於一具經過解剖的屍體，可是現代醫藥科學的基礎卻是屍體的解剖，這基本上就犯了重大的錯誤。現代的醫藥科學尚不能了解活的身體，對屍體的解剖是一回事，要有所了解又是另一回事，而要了解一個活生生的身體又是一件全然不同的事了。現代科學完全無法了解活的身體，它唯一知道的只是去殘害、肢解身體，可是一旦你肢解它，它就不再是原來的現象了。科學要了解一片樹葉的唯一方法是：切下它、解剖它，可是狀況已經完全不同，葉子已經不再是原來的那個現象，它的品質已全然不同了。

愛因斯坦擁有的特質是他的屍體不可能擁有的。一個詩人死了——屍體就在那裡，可是他的詩意到哪兒去了？一個天才的身體雖然還在，可是他的才華又到哪兒去了？白癡的身體和天才的身體並沒有什麼不同，所以你無法藉由解剖屍體來知道誰是天才、誰是白癡，也無法藉此來知道誰是神祕家、誰是生命中完全蒙昧無知的人。

那是不可能的，因為你看到的只是一間房子，從前活在裡頭的生命體已然不再。你只不過在研究籠子，但是鳥兒已經飛走了，而且研究籠子也不是在研究鳥兒。不只如此，身體中還包含了神性。

真實的方法是走入你自己，從那裡、從你本性的最深處去觀照你的身體。如此一來，莫大的喜悅就產生了……只是看著它運轉、運作，那是宇宙中最大的一樁奇蹟。

## 身心的治療

一切的難題都是身心失調的（psychosomatic），因為身體（body）和心理（mind）並不是兩回事。心理是身體的內在部分，而身體則是心理的外在部分，因此一切能在身體發生的也能入侵心理，反之亦然，一切能發生在心理的也能入侵身體。身體和心理並無區隔，它們之間並非涇渭分明的。

因此，所有的難題都可以從兩頭切入，從心理或從身體下手，這是目前為止所有人的作法。有的人相信一切難題都源於身體——這些人是生理學家、巴夫洛夫學派（Pavlovians）、行為主義者……他們對治身體，當然也獲得一半的成功；他們也希望像科學的進步一樣獲得更大的成功，但是他們永遠跨不過五成的門檻，因為那與科學的進步一點關係也沒有。

於是出現了另一批人馬，他們認為所有的難題都源於心理——這和前面那些人犯了同樣的錯誤，這些人是基督教的科學家、催眠師……還有精神醫師，他們以為所有難題皆源於頭腦。這些人也獲得五成的成功，同時也以為遲早會獲得更大的成功。這是無稽的，他們都無法獲得五成以上的成功，因為那是極限。

我的看法是，每一個問題必須從雙方面同時著手，必須雙管齊下、兩面夾擊。這麼一來，人就可能百分之百被治癒。當科學雙管齊下之時，就是它變得盡善盡美的時候。

身體是頭一個基礎，因為身體是進入心理的大門，而且因為身體比較粗略，所以也比較好對治。首先，你的身體必須免於所有結構上的堆積，同時，你的心理也必須獲得啓發，以便能夠向上提升，拋棄所有使它沉淪的負擔。

始終要記得，你的身體和心理並非兩回事。別認為：「這是生理的歷程」或「這是心理的歷程」，它們並非不同的東西，而是同一個整體的兩個部分。任何生理上的作為都會影響心理，任何心理上的作為都會影響生理；生理和心理不是截然兩分，它們是同一個個體。

你可以說身體是同一股能量的固體狀態，而心理則是同一股能量的液體狀態——兩者隸屬於同一股能量！因此，不要以為生理上的作為就只是生理上的作為，別懷疑生理上的作為怎麼會對心理有任何的幫助。如果你喝酒，你的心理會發生什麼事呢？酒精被帶進身體，但並沒有被帶進心理，可是心理發生了什麼事呢？雖然你只是把迷幻藥吃進身體而不是心理，但是心理又發生了什麼？

或者，你進行斷食，斷食是由身體來完成的，但是心理又怎麼了？反之，如果有了性的念頭，你的身體又怎麼了？身體馬上就會受到影響。你的心理想到一個性的對象，身體即在一旁蓄勢待發。

威廉・詹姆士（William James；譯注：西元1842-1910，美國心理學家、哲學家，實用主義先驅）曾提出一個理論，當時在世紀初被認為是非常荒謬的，但就某種意義上而言卻是正確的；他和另一位科學家朗格（Lange；譯注：丹麥心理學家）提出了為人所知的詹姆士-朗格理論（James-Lange theory）。

我們一般都認為你是因為害怕才會躲避和逃跑，或是因為憤怒使你紅了雙眼，然後才去與敵人打鬥。可是詹姆士和朗格提出相當反面的看法，他們說因為你逃跑，所以你才感到恐懼；因為你紅了雙眼並開始打鬥，所以你才感到憤怒，事實是剛好相反的。他們說如果不是這樣，那麼我們必須找到一個沒有紅了雙眼、身體不受到影響，一個沒有這些症狀、只是純粹憤怒的人來證明。因此，別讓你的身體受到外界的影響，別使它憤怒——那麼你會了解，憤怒是不可能的。

日本人教小孩一個非常簡單的憤怒控制法，他們說，當你生氣的時候，不要對它有任何回應，只要開始深呼吸。試試看，你會發現生氣是不可能的。為什麼？為什麼只是藉著深呼吸，你就可以不生氣？因為那使生氣變得不可能，理由有兩個……憤怒需要一種特定的呼吸節奏，可是這時你卻開始深呼吸，沒了那節奏，憤怒便不可能。生氣需要某種特別的呼吸節奏，或是雜亂無章的呼吸。

如果你開始深呼吸，憤怒就不可能出現。如果你有意識地深呼吸，那麼憤怒就無法表達自己，因為憤怒需要的是長短不一的呼吸。你不必做什麼，憤怒就會自我了結，藉著深呼吸，生氣便不可能。

其次是，你的心理也會發生轉變。如果你感到生氣時就開始深呼吸，你的心理會從憤怒轉變到呼吸；此時身體沒有處在能夠生氣的狀態，所以頭腦也轉移了注意力。這麼一來，要生氣就不容易了。那就是為什麼日本人是世界上最能克制的民族，因為他們從小就開始這樣的訓練。

你很難在別的地方找到這種事，即使是今天的日本亦然，現在這種教導愈來愈少，日本已經愈來愈不像日本了。日本已經愈來愈西化，傳統的做法和方式已式微，可是從前的日本確實如此。我有一位朋友住過京都，他曾經在信中跟我提到：「今天我見到一個很美的現象，所以想要寫信告訴你，而我回國以後，也想要深入了解那到底是怎麼一回事。事情是這樣的：有一個人被車撞倒了，然後爬了起來，向那位車主道謝，就走掉了——他竟然向那位車主道謝！」

這在日本不是什麼難事，那個人勢必做了幾個深呼吸，所以才有這個可能。你的態度會因此變得截然不同，甚至可能感謝一個即將殺了你、甚至是已經把你殺了的人。生理過程和心理過程不是兩回事，它們是同一回事，而且其中一極可以影響並改變另一極。

在一個比較好的世界裡，每個人都會靜心地對待身體，在身體受苦的背後一定有某些原因，萬事萬物都是密不可分的，因此沒有人會光對治自己的身體而已——要對治的是他的整體性。

每一個醫生應該都是靜心者，否則他永遠無法成為真正的醫生，他或許擁有學位、擁有醫生的頭銜，可是對我而言，他只是個江湖郎中，因為他不曉得人的整體性，所以他只能對治症狀。

有的人擁有某種症狀，譬如說偏頭痛或頭痛，這是醫生有能力對治的，但是你並沒有深入去看這個人偏頭痛開始的原因。或許他負擔太大、太過憂慮、太過沮喪，或許是過度退縮在自己的創傷中，也或許是想太多以致於頭腦完全無法放鬆下來。你固然可以對治那個症狀，你也可以下藥、以毒攻毒來強迫它消失，可是它將轉移陣地，因為那個病灶一點也沒觸及到。

要對治的不是症狀，而是人。人是有機體的、是整體的，有時候病痛可能發生在腳部，但是根本的原因卻出在頭部；有時候原因可能出在頭部，但症狀卻出在腳部。人類是完整的存在……人的全身上下絕對是連為一體的！沒有任何一個部位是獨立於人身之外的，不只肉體的層次如此，而且，身體和心理也連結在一起，進一步是身心與超凡的靈性之間的連結。

身體和靈魂沒有任何一部分是分離的，
它們是彼此的一部分，
它們是這整體的一部分。

# 第二章 解除負向制約

你唯一的職責就是快樂起來。讓快樂起來成為一種宗教，如果你不快樂，那麼不管你在做什麼，其中一定有嚴重的錯誤，所以你需要某種巨大的改變。讓快樂來決定一切。

我是一個快樂主義者，快樂是人唯一要遵循的準則。

因此不管在做什麼，你始終要注意有了什麼發生：如果你變得平靜，如果你變得悠閒自在，安住於源頭、放鬆，那就對了，這就是唯一的準則。

要記住，適合你的不一定適合他人。因為對你來說是容易的、對他人則不一定是容易的，所以四海皆準的通則是不存在的。每一個個體必須自己去找出準則——什麼對你而言是容易的呢？

不快樂是人最複雜的難題之一，必須細細思量一番，不能只是紙上談兵，因為這是你切身的難題。這就是每個人的行徑：隨時選擇錯的，隨時選擇悲傷的、沮喪的、痛苦的。這一定深藏著某些理由，事實上也是如此。

## 不快樂的緣由

人類是在一種非常有限的角色扮演下長大。在不快樂中可以獲得你要的，而且是一直獲得；但如果快樂，那麼你會總是失敗。一個機敏的小孩一開始就會感受到其中的不同：當他不快樂的時候，別人就會給與同情，他因此獲得憐憫，此時每個人都試著去愛他，他因此獲得愛。他甚至知道不快樂還可以吸引別人的注意，也藉此來引人注意。

注意好像是自我的食物，是一種能夠給你能量的烈酒，你會自覺威風凜凜，所以，人才會有那麼多想要引人注意的需要和欲望。如果每個人都注意著你，你的地位就提高了。如果沒有人注意你，你會覺得自己好像不在那裡，什麼都不是，彷彿不存在一樣。人們的注意和關注為你帶來了能量。

自我在關係中存在，人們愈是關注你，你的自我就愈被強化，當沒有人在注意你，自我就不見了。如果每個人完全把你忘了，那麼自我要如何存在？你怎麼能夠感受到自己的存在呢？因此協會、社團、俱樂部就誕生了。到處都有各種俱樂部，扶輪社、獅子會、共濟會……有無以計數的俱樂部和協會，那些無法以別種方式獲得注意的人，就是這些組織存在的目的。

小孩一開始就從這裡學到種種的政治手腕：那就是讓自己看起來可憐不堪，這樣你就可以得到同情，然後每個人都會注意你；讓自己看起來病懨懨的，如此能提升你的地位。一個不健康的小孩會變得獨裁起來，整個家庭都必須順從他——他的意見就是標準。

當小孩快樂的時候，沒有人會聽他的；當他健康的時候，沒有人會在乎他；當他完整無缺的時候，沒有人會注意他。打從一開始，我們就選擇了痛苦、悲傷、悲觀，選擇了生命的黑暗面，這是第一件事。

第二件有關的是：每當你快樂、每當你喜悅、每當你感到狂喜和喜樂的時候，你將遭到眾人的嫉妒。嫉妒意謂著人與人之間是敵對的，沒有人會善待彼此，此時所有人都是你的敵人。因此，你必須學習不要那麼狂喜，否則會引來四方的敵意——所以不要展現你的喜樂，也不要歡笑。

當人們笑的時候，注意看，他們不是用肚子在笑、而是處心積慮的笑，那個笑不是來自生命的深處。他們會先打量你一番、下判斷，然後才笑。他們在你能夠容忍的範圍內有限度地笑，不容許有差錯，這樣的話，就沒有人會嫉妒你。

因為嫉妒，所以我們譴責這種人；因為嫉妒，我們竭盡所能地把他拉回既有的狀態，這個既有的狀態被稱為常態。心理分析師、精神醫師可以將那些人帶回一般人的痛苦狀態。社會不允許狂喜，所以狂喜是最大的革命，我再說一次：**狂喜是最大的革命**。如果人們狂喜起來，那麼整個社會就必須改變，因為痛苦是這個社會的基礎。

如果人們是喜樂的，你不可能將他們引上戰場，譬如越南、埃及或者是以色列。不可能！一個喜樂的人只會笑著說：「這真是無聊！」

如果人們是喜樂的，你就不可能使他們著迷於金錢，他們不會把整個生命浪費在金錢的囤積上。對他們而言，那些將一生耗費在無生命的金錢、囤積金錢，然後死在錢堆裡的人是瘋狂的，那些人死的時候，金錢還圍繞在身旁，這根本就是瘋了！然而你不會有這種洞見，除非你是狂喜的。

如果人們是狂喜的，那麼整個社會的模式勢必要改變。這個社會因痛苦而存在，痛苦是這個社會的大投資，因此從小我們就有了這種嗜好，所以才會隨時選擇痛苦。

人每天醒來的時候都存在著選擇，不只如此，其實任何時刻都存在著選擇，就是：要痛苦、還是要快樂。你始終選擇痛苦，因為這是一項投資；你的選擇始終是痛苦，因為那已經成了一種習性、一種模式，你始終這麼做，也能夠勝任，它已成了你的日常習慣。當面臨選擇的時候，你的心理會立刻選擇痛苦。

痛苦像是下坡，狂喜則像是在爬坡，要達到狂喜好像非常困難——但這不是實情，事實剛好相反，狂喜是下坡，而痛苦才是爬坡。要痛苦是很困難的，可是你竟然達到了，完成了不可能的任務——因為痛苦是那麼違反自然；沒人想要痛苦，可是每個人卻又痛苦不已。

社會完成了一項偉大的工作，教育、文化，還有那些文化機構、父母、老師，全都完成了這項偉大的工作：把造物主狂喜的傑作變成痛苦的。每個嬰孩都在狂喜中誕生，每個人剛出生時都是神，可是死的時候卻全是瘋子。

你所要做的一切就是：如何找回那份童真，如何才能回復它。如果你能夠再度成為赤子，那麼痛苦就不存在。

一個小孩可能是痛苦的，他可能不快樂、極度不快樂，可是他能夠很全然地處在其中，與不快樂高度合一，沒有任何分裂。小孩沒有與不快樂疏離，沒有置身事外、分裂地看著他的不快樂，他就是不快樂——如此的深陷其中。當你與痛苦合一的時候，痛苦將不再是痛苦；如果你與它合一，那甚至還有一種美。

因此，你可以去看小孩的樣子，我指的是尚未被毀掉的小孩。如果他生氣，那麼他的整個能量就成了憤怒，毫不保留、沒有一點阻滯。他就是生氣，他成了憤怒，誰也阻止不了、控制不了，這裡是沒有頭腦的，小孩已然成了憤怒——他並不是憤怒的，而是成了那個憤怒，這麼一來，我們就可以看見憤怒的美與綻放。

這樣的小孩絕對不會是醜陋的，甚至連他憤怒的時候也會是美的。這樣的他似乎更熱切、更富有生命力、更有活力，好像火山快要爆發一樣。這麼一個小孩，這麼一股巨大的能量，就好像一顆攜帶著全宇宙能量的原子彈，蓄勢待發。

憤怒過後，小孩會安靜下來，經過這場憤怒的小孩會變得非常平靜，會放鬆下來。也許我們以為這樣的憤怒是很痛苦的，但是小孩並不痛苦，他反倒是樂在其中。

如果你與一切合一，你會變得喜樂；如果你將自己與一切割離，那麼即使是一樁快樂的事，你也會變得痛苦。關鍵就在於此，如自我一般孤離，是一切痛苦的存在基礎；倘若與生命中的任何遭遇合一，隨順因緣，熱切地、全然地處在其中，彷彿自己不存在、消失無蹤，那所有的一切都會是喜樂的。

你有權選擇，可是你沒有意識到；你不斷在選擇錯誤的，那成了你的固有習慣，而且只能無意識地選擇，因為你別無選擇。

**要警覺，每當你選擇了痛苦，要記住：那是你的選擇。**雖然這不過是個提醒，但也會有幫助——要警覺到：這是我的選擇，該負責的是我，這是自作自受，這樣你馬上會有不一樣的感受，你頭腦的品質會發生變化。這樣的警覺能夠幫助你更容易邁向快樂。

一旦知道這是你自己的選擇，那麼整件事就成了一場遊戲。因此如果你喜歡深陷痛苦，那就去吧！但是要記住，這是你自找的，別抱怨，沒有人需要為此負責，這是你的業。如果你熱中此道，喜歡痛苦，如果你想要一輩子痛苦，那是你自找的，是你個人的遊戲，好好玩吧！

所以不要問如何能脫離苦海，那是荒謬的。別問師父說要如何快樂。會有所謂的大師（guru）是因為你的愚蠢。你創造了痛苦，然後你問說要如何脫離苦海，這樣你還是會繼續製造痛苦，因為你沒有警覺到自己在做什麼。從現在開始，試著快樂起來、喜樂起來。

# 與存在為友

有兩種生活方式，知道的（to know）和存在的（to be）：前者是努力的、意志的、自我的；後者則是沒有努力、沒有抗爭，怡然地與天地同在。普世的宗教都教你要抗爭——與自然抗爭，與世界抗爭，與你的身體、頭腦對抗，這樣你才能夠達到真理，達到終極的、永恆的，但這只是一種證明：對權力的欲望。這種自我的、對抗與爭鬥的行徑已經完全失敗。無始以來，只有極少數人達到了生命的終極境界，少到只是例外，不是通則。

我教導你們第二種方式：不要對抗存在之流，祂不是敵人，要順著祂走。就像企圖逆流而上、與河流對抗的人，早晚會精疲力竭，哪兒也去不了，這條河流沒有盡頭，而他卻渺小得微不足道，兩者判若天淵。

在浩瀚無垠的存在裡，你不過是滄海一粟罷了，怎麼可能對抗整體呢？光是那個念頭就非常愚蠢，整體孕育了你，怎麼會是你的敵人呢？自然是你的母親，不可能反對你；你的身體絕對是你的生命，不可能對你有敵意的，儘管你不斷在對抗它，它還是服侍著你。當你醒著的時候，它服侍著你，甚至在你睡著的時候，它也服侍著你。當你打著鼾、睡得不省人事的時候，是誰在持續呼吸？是身體，它有自己的智慧，不斷呼吸著，不斷心跳著，沒有你，身體依然運作不輟。事實上，你的不在反而使它運作得更順暢，你始終在打擾它，因為你受制約的頭腦說要對抗它。

我教你們與存在為友，我不要你們離棄世界，因為世界是屬於我們的。世上並不存在反對你的事物，你要學習的只有生活的藝術——不是棄俗的藝術，而是歡慶的藝術，唯一的問題就是學習一種化毒素為甘露的藝術。

你可以找到許多醫藥上的文獻，許多毒物在科學家的手中被變成藥物，它們不僅沒把你殺死，而且還救了你。

倘若你發現身體、自然、世界在違反你，謹記：一定是你的無知使然，一定是某些錯誤的態度所造成的，你一定不曉得活著的藝術。你沒有察覺到存在是不可能反對你的，你誕生於存在，你活在裡頭，存在給了你一切，但你甚至沒有絲毫感激。反之，打從生命一開始，所有的宗教都教導你要譴責它。任何教導你譴責生命的宗教都是有毒的，那種宗教違反生命，是死亡的幫傭，對你沒有一點幫助，對存在也沒有幫助。但問題又是從何而來？

這些宗教都是違反自然的，他們說除非你反對世界，否則永遠到不了另一個更高層次的世界，他們的居心何在？為何要區分此世和彼世？這是有原因的。

如果是全然地活在此世而不離棄，那傳教士就沒有必要存在了；如果人必須對抗、離棄此世，那就要壓抑自己天生的本能，所以你當然會變得病態，違逆自然永遠不可能是健全的，此時的你不可能是完整的，反倒是時時支離破碎、精神分裂；所以你當然需要指點，需要援助，因此你需要傳教士。

當你有罪惡感，你當然要去教堂、當然要到清真寺、到猶太教堂，你會請求牧師、神職人員、祭司來幫助你，因為你這麼邪惡——而他們是始作俑者，所以必須負起責任——你這麼無助，需要某人來保護你、幫助你，帶你走向光明。你的需求是如此迫切，以致於你甚至不曾想過，傳教士是否真的知道得比你多，或者也只是個買辦而已？

……你的難題基本上是一個向內看的問題，看看你究竟在哪裡。如果你是不幸的、苦惱的、焦慮的、苦楚的；如果你的生命是失落、不滿的，如果你看不到任何的意義，那麼你只是苟延殘喘地走向死亡……

因此，愈來愈多的邪惡，死亡一天天逼近——這不正是窮首重要神學問題的大好時機嗎？現在正是洗心革面的時候，來日已經不多。

所有的宗教教你的方法都是對抗的，哪兒也到不了，他們白白地糟蹋了你生命的喜悅，毒化了此生中任何值得喜悅的事，他們創造了一種悲哀的人性。然而我卻希望你們擁有的是充滿愛、歌唱和舞蹈的人性。

希望你們能夠明白，我的方法是屬於第二種的，就是你不必對抗河流，不要逆流而上——那是愚蠢的。自然之流是那麼浩瀚、那麼雄偉，你是無以對抗的。死人可以是你的學習對象，死人知道一些活人所不知道的奧祕。

活人如果不曉得怎麼游泳，那就會在水裡淹死。可是很奇怪，人在淹死之後卻能浮出水面；活者沉沒，死者浮現，死人當然知道活人所不知道的。

這是怎麼一回事？為什麼河流與大海有這種差別待遇？因為死人徹底放下一切，連游也不游，什麼也不做。

最佳的泳者只是漂浮，終極的泳者只是像死人一樣讓水漂走，不論河水往哪兒去——河水總是會流向大海，因此你不必擔心它是否是一條聖河。不論神聖與否，每一條河注定會流向大海，或早或晚而已。你只需隨流漂浮，這就是我說的信任——信任存在，不論祂帶你往哪兒去，都是帶你走向正途、前往正確的目標；祂不是你的敵人。信任自然，不管祂帶你往哪兒去，那兒就是你的歸宿。

如果整個人性能夠學到放鬆而不是抗爭，學到放下而不是竭力打拼，那麼意識的品質將產生巨大的改變。放鬆的人只會靜靜地隨流飄動，沒有自己的目標，也沒有自我……

在這樣放手漂浮的狀態中，任何自我都是不可能的，因為自我需要努力——你必須有所作為。自我是一個作為者，然而藉著漂浮，你就變成一個非作為者。在這種無為中，你所壓抑的焦慮和痛苦開始離你而去，而且對存在

## 給與你的一切感到滿足。

有一個四處旅行的蘇菲神祕家……

每天傍晚他都會感謝存在說：「你為我做了那麼多，而我卻沒有任何回饋，也永遠無以回報。」但他的門徒則會表露一些嫌惡，因為生活有時是那麼艱辛。

蘇菲宗派是一群離經叛道的人。有一次他們一夥人連續餓了三天，因為他們不是正統的回教徒，所以沿路的村莊都拒絕了他們的托缽，因為他們是離經叛道的蘇菲行者，村民不給他們帳篷，所以他們只好睡在沙漠裡。他們又餓又渴，到了第三天傍晚的祈禱，那位神祕家再次向存在說：「非常感激，為我們做了那麼多，而我們卻無以回報。」

這個時候有一個門徒說話了：「太過分了，請告訴我們，這三天存在為我們做了什麼？你為什麼要感謝存在？」

這位神祕的老者笑了，他說：「你還是沒有覺察到存在為我們做了什麼，這三天對我而言是非常有意義的。我又餓又渴，也沒有帳棚好睡覺，所有人都拒絕、譴責我們，人們甚至向我們丟石頭，這個時候我看到自己的內在沒有起一點憤怒，所以我感謝存在，祂的禮物是無價的，我永遠無法回報。這三天的飢渴、不眠不休、受人侮辱……可是我卻沒有感到任何敵意、憤怒、憎恨、挫敗、絕望。一定是因為存在的慈悲、存在的支持。」

「這三天給了我許多啟示，如果我們有了食物和帳篷，如果我們沒有被丟石頭，那就不可能獲得啟示。即使在我垂死的時候，我也會感謝存在，我知道，就算是死亡，存在也會對我展現奧祕，就好像對生命揭露奧祕一樣，因為死亡不是終點，而是生命的最高潮。」

學習與存在一同漂流，這樣你就不會有任何的罪惡感和痛苦。不要與身體、自然乃至一切對抗，你會因此和諧自在、沈著寧靜。

這樣的情境能幫助你變得更警醒、更覺知、更有意識，最後會帶領你到達徹底覺悟的大海——涅槃。

## 身體是你的朋友

所有的宗教都教你對抗自然，凡是自然的都是被譴責的。宗教人士認為必須努力做些違反自然的事物，這樣你才可以擺脫生物、生理和心理的牢獄，擺脫所有圍繞在你四周的阻礙。如果你繼續和身體、頭腦、心協調一致，他們就說你永遠無法超越自己。這就是我反對一切宗教的原因，因為他們毒化了你的本性，雖然你活在身體裡，可是你並不愛它。

身體為你服侍了七十、八十、九十年，甚至一百年，科學還無法發明能和身體相提並論的裝置。複雜且神奇的身體一直服侍著你……而你連聲謝謝也不說，彷彿它是你的敵人，但身體是你的朋友。

不管你是醒著還是睡著的，身體總是盡其所能地照顧你，即使是你睡覺的時候，它也不斷在照顧你。如果有一隻蜘蛛趁你睡覺的時候爬上你的腳，你的腳會自動甩掉它，而且一點也不會吵到你，腳有它的智慧，諸如此類的芝麻小事並不需要勞煩到大腦這個中樞——腳自己就可以辦好了。蚊子在叮你，你的手會趕走或者打死牠，可是那不會吵到你的睡眠。

即使是睡覺的時候，身體還是不斷保護著你，做一些你料想不到的事情。大家認為手並沒有智能，可是它的某些功能的確稱得上是個簡易的智能機制。或許身體的每一個細胞都具備一個簡單的頭腦，而身體有無以計數的細胞，因此就有無以計數的頭腦到處運作著，不斷在照顧著你。

你一直吃著各種食物，一點也不擔心究竟會怎麼樣，你不會問身體的機制、身體的化學作用，是否能消化你所吃下去的東西。身體的化學作用持續運作了將近一個世紀，它擁有自動的修復機制，可以排除錯誤的部分，創造出新的成分，一點也不需要你操心，它會自行發生。身體有它獨特的智慧。

可是那些宗教人士不斷告訴你：「你必須不斷對抗，你必須反其道而行。別聽身體的——不管它說什麼，逆向操作就對了。」耆那教說：「如果身體飢餓，那就讓它飢餓，讓它挨餓，這是它應得的。」身體毫無條件、任勞任怨地服侍你，耆那教竟然要反對它，還說當身體想睡的時候不能睡，要維持清醒。

二十世紀的葛吉夫也在這麼做，那極度增強了自我。當身體需要食物的時候，你拒絕它，這樣有力的拒絕象徵著你是主人，而身體則被貶為奴僕——不只是奴僕，而且還不准它發言，命令它說：「我怎麼說你就怎麼做，別打岔。」

別與身體對抗，它是你的朋友、不是你的敵人，它是自然賜給你的禮物，是自然的一份子，在任何方面，它都與自然連結在一起。你不僅透過呼吸、陽光、花香、月光與自然連結在一起，而且是無處不與自然連結在一起，你不是一座孤島，你要摒棄這種想法，你是整個大陸的一部分，同時，自然也給了你獨特的個體性。這就是我所說的奇蹟，你是存在的一部分，你也是一個個體——存在造就了這樣的奇蹟，使不可能的變得可能。

當你與身體和諧一致時，你就會與自然、與存在和諧一致。所以不僅別違逆存在之流，反而是要與之同行；放開自己，允許生命發生，別以任何名義，別藉任何經典之名，不要藉著某些神聖的理念，來做出勉強的行為。

與整體的和諧一致是什麼也比不上的。

尊重生命，崇敬生命，沒有什麼比生命來得聖潔，也沒有什麼比生命來得神聖。生命不是由什麼了不得的事所組成，那些宗教上的蠢蛋告訴你說：「要成大事。」可是生命卻是由眾多小事所組成的。他們的伎倆是很明顯的，他們告訴你說：「要做大事、成大事，這樣才能流芳百世。要做大事。」這當然是在迎合自我，自我是傳教士的代理人，所有的教會、猶太教堂和寺廟只有一種代理人，那就是自我；它們的代理人只有一家，別無分號，唯一的代理人就是自我——因為自我能夠有所作為、成就大事。

我要告訴你，其實並沒有什麼偉大的、了不得的事，因為生命是由眾多小事所組成的，如果你對那些所謂的大事感興趣，你將錯過生命。

喝茶、與朋友閒聊，晨間的散步——沒有要往哪兒去，只是散步——沒有目標，沒有終點，你隨時都能往回走；為你心愛的人煮一頓飯，也為自己煮一頓飯，因為你也愛自己；洗衣服、拖地、澆花……生命是由這些微不足道的小事所組成的……向陌生人問候，因為陌生人與你沒有利害關係。

會問候陌生人的人也會向一朵花、一棵樹問候，也會對小鳥唱歌。鳥兒每天都在唱歌，可是你卻無動於衷，你應該找一天向牠們回應一下！就是這些小事，微不足道的事……

尊重自己的生命，這樣你會開始尊重其他的生命。

## 「應該」這個夢魘

我們的教育——家庭的、社會的、學校的、專校的、大學的——全都在我們身上製造了緊張。這個基本的緊張就是：你所做的都不是你願意做的。

這種緊張延續了一輩子，彷彿一場形影不離的夢魘，不斷糾纏著你。它永遠不讓你停下腳步，永遠不准你放鬆下來，如果你放鬆，它就會說：「你在幹嘛？你不應該放鬆下來，而應該有所作為。」如果你有所作為，它會說：「你在幹嘛？你應該休息一下，這是必要的，否則你會瘋掉，因為你已經站在懸崖邊了。」

如果你做了什麼好事，它會說：「你這個傻瓜，好心沒有好報，你會被騙。」如果你做了什麼壞事，它會說：「你在幹嘛？打算下地獄嗎？你會為此付出痛苦的代價。」它永遠不會讓你輕鬆下來，不管你做什麼，它都會在那裡譴責你。

這個譴責者已經深植在你裡頭，人類最大的災難莫過於此。除非我們擺脫這個內在的譴責，否則我們無法成為真正的人，也不可能真正地喜悅，更不可能參與存在的慶典。

除了你自己，沒有人有法子丟掉它。那是你唯一的難題，也幾乎是每一個人的難題。不論你出生在哪一個國度，不論你信仰哪一個宗教——天主教、共產主義、印度教、回教、耆那教、佛教，它無關乎你所歸屬的意識型態，因為本質上都是在你裡頭創造出分裂，這麼一來，某一方就能夠一直譴責另一方。如果你聽從某一方，那麼另一方就會譴責你，於是你處於某種內在的衝突、內戰的狀態。

這樣的內戰必須被摒棄，否則你會徹底錯過生命的美與祝福，你永遠無法盡情地笑，無法愛，無法全然做任何事情。唯有全然，一個人才可能綻放，春天才可能降臨，此時你的生命會開始充滿色彩、音樂和詩意。

唯有全然才能讓你即刻感知到圍繞在你四周的神，然而諷刺的是，你們所謂的聖人、教士和教會竟然將你扯得四分五裂。事實上，傳教士才是神的最大敵人。

我們必須擺脫所有的傳教士，他們是人性病態的根源，能輕易地使每個人生病，散播如瘟疫般的神經症。這樣的神經症普遍到被視為理所當然，我們以為整個生命就是這麼一回事，以為這就是生命——受苦、漫長的受罪；我們以為存在就是痛苦的、受折磨的，以為生命無非是一場悲劇。

看看我們所謂的生命，好像也不怎麼樣，因為從沒有花朵綻放過，從沒有唱過一首心曲，未曾有過神性的愉悅光輝。

普世的智者會去追問生命的意義並非偶然，「我們何必繼續活下去？為何如此懦弱的我們還能活下去？為什麼不能具足一點勇氣了結無意義的人生？何不自殺算了？」

世上不曾有過這麼多人認為生命是完全無意義的，這個時代怎麼了？這跟時代沒有關係，神職人員至少毒化了人類五千年，現在已經萬劫不復了。

那不是我們所造成的，我們都是受害者，是歷史的受害者，如果人變得更有意識一點，那麼首要的任務就是燒掉所有的史籍。

忘掉過去，那不過是一場夢魘，一切從頭開始，彷彿亞當重生，再次回到伊甸園，天真、無染……

有個人在找一間好教會，他想要參加讀經班，後來找到一個由牧師帶領的集會。集會中的人說：「我們該做的事沒有做，卻做了不該做的事。」

那男人隨即寬心地坐在座位上對自己說：「感恩，我終於找到同路人了。」

**做你本性想做的事，做你本能渴望的事**，不要聽信那些經典，要聽從自己的心，那是我唯一推薦給你的經典。沒錯，要非常仔細地、非常有意識地傾聽它，那麼你將永遠不會犯錯；傾聽自己的心，如此你將邁上正途，永遠不必思考孰對孰錯的問題。

嶄新人性的整個藝術，就在於有意識地、警覺地、凝聚地傾聽你的心，這就是奧祕。遵循它，不論用什麼方式，讓它帶領你到任何地方。沒錯，有時它會引你涉險——可是要記住，那些危險是你成長所需的；有時它會引你步入歧途，可是要再次記住，那也是成長的一部分。你將跌倒許多次，可是要再站起來，因為這就是一個人凝聚力量的方法——**從跌倒中再爬起，這是使你變得整合的方法**。

別追隨任何來自外在的硬性標準，沒有一種硬性標準是對的，因為那是企圖統治你的人所制定的。是的，有時候偉大的成道者也會制定標準，一個佛、耶穌、克里希那、穆罕默德，但他們給這個世界的不是標準，而是愛。可是，愈來愈多的門徒遲早會將這些指導編纂成法典。一旦師父離開人世，光明就此消失，門徒因此陷入深深的黑暗中，開始想抓住某些特定的標準以便遵循，因為他們已經看不到光明了，所以他們必須仰賴標準。

耶穌的作為是內在心聲的流露，可是基督徒在做的始終不是自己的心聲，他們是模仿者。一旦你模仿，那即是在羞辱自己的人性，羞辱你自己的神。**永遠不要做一個模仿者，要一直保持原創性**，別像部影印機一樣。可是整個世界的處境就是這樣——不斷在複製、複製。

如果你是原創的，那麼生命就是一場真實的舞蹈；而且，你生來就是一個原創者。沒有兩個人是一模一樣的，所以我的生命風格絕對不可能成為你的生命風格。

啜飲一位師父的寧靜與精神，學習他的優雅。盡可能飲乾他的存在，但是不要模仿他。啜飲他的精神、汲取他的愛、接收他的慈悲，如此你將能夠聽到自己的心聲。你的心正向你低語，以非常平靜、非常細微的聲音向你傾訴著，它不會大聲咆哮。

忘掉你聽聞過的一切：「這是對的，那是錯的。」生命沒有這麼僵化，今天對的事情到了明天也許就是錯的，現在對的或許下一刻就是錯的。生命不可能是對號入座的，不可能那麼輕易地貼上標籤說：「這是對的，那是錯的。」生命不像藥房裡被分門別類的藥瓶，生命是個奧祕。人們以為稱心如意就是對的，但有時候如江水一去不復返，不再如人意，那就是錯的。

我怎麼定義「對的」呢？與存在和諧共處就是對的，與存在不和諧就是錯的。每一個片刻你都必須非常警覺，因為每一個片刻都必須重新抉擇，你不可能仰賴既成的答案。

生命非常快速在變動，它是動態而不是靜態的；它不是一灘死水，它是恆河，不斷在流動，永遠不會有兩個片刻是相同的，因此這個片刻是對的東西，下一個片刻也許就是不對的。

那怎麼辦呢？唯一可行的就是使人們變得更覺知，好讓他們自己決定如何去回應這個變動的生命。

有一則古老的禪宗故事：

從前有兩間相互較勁的寺廟，那兩間寺廟的住持師父——他們一定只是擁有師父的稱號，但實際上只是傳教士——彼此敵對得很厲害，他們告訴各自的門徒說，絕對不可以抬頭看對方的寺廟。

這兩位住持各有一個年幼的侍者，負責為住持跑腿辦事。第一間寺廟的住持告訴他的小侍者說：「絕對不要和隔壁的小孩講話，他們那些人都很危險。」

可是小孩就是小孩，有一天他們在路上相遇，第一個小孩問第二個小孩說：「你要去哪裡？」

第二個小孩說：「風帶我去哪裡，我就去哪裡。」這個小孩一定在寺裡聽過某些偉大的禪語，他說：「風帶我去哪裡，我就去哪裡。」——多麼偉大的一句話，純然的道家風格。

可是第一個小孩感到非常尷尬、非常不舒服，不曉得該如何回應對方，因此感到很挫折、很生氣，但同時也感到很內疚，他心裡想：「師父告訴我不要和這些人講話，這些人果真很危險。看看他在講些什麼話？讓我覺得好丟臉。」

於是第一個小孩回到寺廟後，一五一十地把事情的經過告訴師父：「對不起，我和隔壁的小孩講話了。你說得對，那些人很奇怪，不知在講些什麼？因為我問他說：『你要去哪裡？』這麼簡單的問題，我知道他要去市場，因為我也要去，可是他竟然說：『風帶我去哪裡，我就去哪裡。』」

這個師父說：「我警告過你了，但是你不聽。你給我聽好，明天你遇到他的時候，你再問他說：『你要去哪裡？』那麼他會回答說：『風帶我去哪裡，我就去哪裡。』這個時候你也要帶這一點哲學的語氣說：『如果你沒有雙腳，那該怎麼辦？因為靈魂沒有身體，所以風無法把靈魂帶到任何地方去！』這時候看他該怎麼辦！」

於是第一個小孩枕戈待旦地準備著，整個晚上他都在覆誦這句話。隔天一大早就趕到那裡去，擺好架勢等在那裡，然後當第二個小孩出現的時候，他顯得很高興，認為可以向對方展露一下真正的哲學了。因此他說：「你要去哪裡？」然後等著看好戲……

可是第二個小孩卻說：「我要去市場買菜。」

這下子，第一個小孩該怎麼處理他學到的哲學道理呢？

生命就像那個樣子。你不可能籌畫得好好的，也不可能準備得好好的，這就是它美妙的地方，也是它令人驚奇的地方，它始終帶你走向未知，始終帶給你驚喜。如果你的眼睛是雪亮的，你會看到每一個片刻都是一個驚喜，任何既成的答案都派不上用場。

我只教導你生命的內在法則，要順從你自己，成為你自己的光明，追隨它，這麼一來，難題永遠不會出現。那麼，任何你所做的都是該做的，任何你沒有做的都是不該做的——沒有任何人可以替你下決定。

要避免那些越俎代庖的冒牌貨，擔起自己的命運。你必須做出決定，事實上，正是那樣的決定使你的靈魂誕生；當決定權還在他人手上時，你的靈魂還是昏睡的、愚鈍的。當你開始自己決定時，某種敏銳就產生了。決定意謂著冒險，決定意謂著你或許會出錯——天知道會怎樣，因為那是一場冒險，結果如何誰曉得？那是一場沒有任何保證的冒險。

遵循既有的即是一種保證，因為有無數的人照著做，所以怎麼可能是錯的？那就是保證，如果很多人認為對的，那就是對的。

要成為一個個體，冒一切險、接受挑戰是必須的，這些可以使你變得敏銳，帶給你光華與睿智。

**信任不是一種信仰，它是全然的聰明睿智，是一種隱藏在生命源頭裡的**

光和熱，是你的意識所經歷的醒悟。但是你必須提供適當的空間讓它發生，這個適當的空間就是接受本然的自己，不要有任何的拒絕，不要四分五裂，不要有罪惡感。

## 放掉痛苦

要拋掉苦惱、痛苦、不幸應該是很容易的，這不該是一件難事，因為你不想要痛苦，所以這背後一定有某些深層的糾葛，那就是：從很小開始，你就不被允許成為快樂的、喜樂的、歡欣的。

你被迫成為嚴肅的，而嚴肅暗藏著痛苦；你被迫去做你完全不想做的事，因為你脆弱又無助，必須倚賴他人，所以自然必須去迎合他人，滿懷抗拒地做著那些不情願的、令你痛苦的事情，這是在違逆自己。因為你被迫做了這麼多的事情，所以你漸漸確信說：任何違逆你的都是對的，而任何不違逆你的都是錯的。整個教育不斷灌輸你悲傷，那是違反自然的。

喜悅才是自然的，就好像健康才是自然的一樣。當你健康的時候，你不會去找醫生問：「我為什麼健康？」對自己的健康產生任何疑問是沒有必要的；但是當你生病的時候，你馬上會問：「我為什麼生病？我生病的原因在哪裡？」

詢問你為什麼痛苦是完全正確的，但是問你為什麼是喜樂的就不對了。你在一個錯亂的社會裡長大，這樣的社會認為毫無理由的喜樂是瘋狂的。如果你毫無理由地笑，別人會以為你的頭腦有問題——你為何笑？為什麼你看起來這麼快樂？但是如果你說：「我不知道，我就只是快樂。」那你會強化他們的想法，就是你一定哪裡有毛病。

但如果你是痛苦的，那麼不會有人問你為何痛苦；因為痛苦是自然的，那是每個人的處境。所以痛苦的你也沒有什麼特別，你並沒有特別突出。

痛苦是自然的——這樣的想法一直不知不覺地深植在你心中；喜樂是不自然的，喜樂必須具備理由，痛苦則不必。這樣的想法慢慢地、深深地滲透到你的血液、骨頭、骨髓裡——雖然那違反你的天性。因此你不得不成為精神分裂者，那些違反你天性的一直在逼迫你，你被扭曲得完全不像自己。

這只為人性帶來苦難，每個人都不在他想要在的地方，也不是他想要成為的樣子。因為無法去到想去的地方——那是與生俱來的權利——所以他才會痛苦。你已經離自己愈來愈遠，忘了回家的路，因此每去到一個地方，你都以為家在那裡——所以不幸成了你的歸宿，痛苦成了你的天性，受折磨被認為是健康而不是病態的。

當有人說：「拋掉這種痛苦的生活，摒棄不必要的折磨。」此時將出現一個意味深長的問題：「這是我們的全部！如果拋棄，我們將一無所有，喪失了自己的認同。現在至少我還是某個人——某個痛苦的、悲傷的、不幸的人。如果丟棄這一切，那問題就來了：我要認同什麼？我是誰？我不曉得回家的路，但由社會創造出來的，那個虛偽的、假造的家，卻被你奪走了。」

沒有人想赤裸裸地站在街頭。

因此痛苦還比較好一些——至少還有東西可供你遮蔽，雖然那是痛苦的……可是並不會有何損失，因為每個人都裹著同一件衣服。那些穿不起的人，這樣的痛苦還真貴重呢！那些穿不起的人更加痛苦——他們必須活在一種貧瘠的痛苦裡，沒有什麼可以向他人炫耀。

因此不幸的人有兩種：富有的和貧窮的，而且貧窮的不幸者力圖成為富有的不幸者。世上只有這兩種不幸的類型。

還有被完全遺忘的第三種：你的實相，那裡沒有絲毫的痛苦存在。人的內在天性是喜樂的。

喜樂不是某種要去達成的東西，
祂早就存在了，我們誕生於那裡。
我們不曾失去祂，只是走遠了，始終背對著祂；
祂就在我們的背後，需要的只是轉個身、
來一場巨大的變革。

然而世上充塞著假的宗教，不斷對你說你是痛苦的，因為你在前世犯過惡行。這些全是胡扯，因為存在何必等待來世才懲罰你？似乎沒這個必要。在自然的狀態中，事情都是即刻發生的，你在這一輩子將手伸向火焰，然後下一輩子才會被火焰灼傷嗎？哪有這種事！你會馬上、當下就被灼傷。因果是連貫在一起的，它們之間沒有任何距離。

可是這些假宗教不斷在說服世人：「別擔心，只要行善，更虔誠一點。親近寺廟或是教會，那麼來生你就不會再痛苦了。」這好像無法兌現，因為一切都要等到來世，而且從來沒有半個人從來世前來對你說：「這些人根本都在撒謊。」而真正的宗教馬上就可以兌現，它不會信口亂開支票。

每個宗教都有自己的策略，但是動機都是一樣的。基督教、猶太教、回教，一切起源於印度以外的宗教都向人們說：「你會受苦是因為亞當和夏娃犯的罪。」他們倆是幾千年前人類的第一對伴侶……而且那也不是什麼大罪，你們每天都在犯這個罪。他們只不過是吃了蘋果，而且神也已告誡過他們要遠離蘋果。

問題不在蘋果，問題出在他們違背了神。數千年前的亞當違背了神，而也受了懲罰：被逐出伊甸園，從上帝的天堂被趕了出去。那麼我們為何受苦？只是因為亞當和夏娃是我們的祖先。

但是真相完全不同，那不是一個罪行的問題，問題是你被帶離了自己，遠離了你與生俱來的喜樂狀態。沒有一個宗教會要你輕易地喜樂起來，這樣他們的教規該怎麼辦？他們偉大的修行、苦行禁慾該怎麼辦？如果摒棄痛苦就像我說的如此簡單，那所有的假宗教都要宣布倒閉，因為這關乎他們生意的成敗。所以，喜樂必須被搞得很困難——幾乎是不可能——如此才能使人們走上漫長的艱苦旅程，只對來世抱持希望。

但是我有義務告訴你們：喜樂對我而言再簡單也不過了。我活過了許多世，當然也犯過許多罪行，比你們都來得多——但我不認為那些是罪行。美的鑑賞、味覺的鑑賞，對一切事物的鑑賞使生命更鮮活、更有愛，這些對我而言都不是罪行。

我想要你們變得更敏銳，對所有美的事物都更敏感，那會使你更有人性，使你變得更柔軟，更感激存在。

我不是在談論理論上的問題，而是以空無來作為入口——我稱之為靜心（meditation），靜心只不過是空無的別稱而已。當空無出現，你將頓時站在自己的面前，所有的痛苦都消失了。

首先要做的是好好地笑你自己，笑自己是何等的愚蠢。痛苦從來就不存在，你一手創造了痛苦，卻又想用另一手消滅它——這樣你當然會四分五裂，當然會處在一種精神分裂的狀態。

世上最容易的就是成為你自己。事情再容易也不過了，非常簡單。

不需要絲毫的努力，你早已是自己了。

只要記得……擺脫一切社會強加在你身上的愚蠢想法，如同蛇褪去舊皮毫不眷戀一樣，那些想法就好像一層舊皮。

如果你了解，這個片刻它就會發生。

因為這個當下你即可了解沒有痛苦、也沒有苦惱。

你是寧靜的，駐足在空的門口，只要再往內跨一步，就可以遇見你已經等了生生世世的無上寶藏。

## 喜悅的交響曲

頭腦通常意識到的總是痛苦，對喜樂一直不聞不問。你會察覺到自己的頭痛，但是當沒有頭痛的時候，你意識不到頭部的舒適狀態；你會意識到身體的疼痛，但是身體無恙的時候，你意識不到那一份健康。

這就是為什麼我們會那麼痛苦的根本原因：我們把全部的意識都放在痛苦上。我們只在計算刺——從不看花朵一眼；無意中，我們選擇了刺，忽略了花朵。如果我們痛苦，不斷受傷，那也沒什麼奇怪，那是一定的。

這是某種生物學上的原因：自然造就了你對痛苦的覺察，如此你才能避免痛苦，那是一種內建的系統；否則當手被灼傷的時候，你可能沒有意識到，這樣要存活下來就會很困難。因此你被造就成對痛苦的察覺，這變得非常必要、不可或缺。可是自然並沒有在你身上內建對歡樂、喜悅、喜樂的覺察機制，因此有必要去學習，使之展現出來，那是一種藝術。

從現在開始，要意識到那些不自然的事物。譬如說，你感到身體完全健康無恙，那麼就靜靜地坐著，覺察、享受這份健康，這沒有什麼不對——好好享受！要從容地意識到它。你的飲食起居很正常，身體感到很高興、很滿足，那就對此保持意識。

自然使你在飢餓的時候有所意識，卻沒有使你在滿足的時候也有意識，所以這方面必須有所成長。自然不需要在這方面琢磨，因為它應該做的只是如何生存下來，你不可能對它奢求更多。喜樂變成是種奢求，最大的奢求。

人們為何如此痛苦？這是我的觀察——人們實際上並沒有看起來那麼的痛苦，他們有過許多極為喜樂的片刻，但卻不知不覺地任憑它們錯過，他們的回憶裡一直充塞著痛苦和悲傷，頭腦中充塞著夢魘。美夢與充滿詩意的情境並非不存在——它們是存在的，但就是沒有人注意到。

每一個片刻都有無數的發生，為此你就可以對神有無限的感激，然而你就是沒有察覺到！

必須從這個片刻開始，你會訝異的——看到喜樂天天滋長，痛苦與不幸反而日益減少。當生命變成幾乎是一場慶祝的那一刻，痛苦只是偶爾存在，只是遊戲的一部分，你不會被它扭曲，也不會為之困擾，你只是接受它。

如果你能夠享受吃完食物後的滿足感，那麼自然而然會知道在飢餓時的些微痛苦……這是一件好事；當你從一個好覺裡醒過來，充滿了信心與活力，好像變年輕了，那麼當你遇上失眠的時候，自然會感到些許的苦惱，可是那也是遊戲的一部分。

生命是由百分之九十九的喜樂和百分之一的痛苦所組成，這是我自己的體驗。可是人們的生命卻是由百分之九十九的痛苦和百分之一的喜樂所組成，一切都顛倒了。

要對歡樂、喜悅、積極的、美妙的花朵，以及烏雲背後的光明變得愈來愈有意識。

實際上，喜悅只是意謂著身體處在一種和諧的交響狀態，只是這樣——你的身體處在一種音樂的律動裡，別無其他。喜悅不是歡樂，歡樂完全是由別的東西所衍生出來的；而喜悅只是成為你自己——活生生、朝氣蓬勃、充滿活力。你感覺到身體內外圍繞著一種微妙的音樂、一首交響曲，那就是喜悅。當身體流動，像河水一般地流動，你就能夠感覺到那份喜悅。

一個健康的有機體始終有能力達到高潮的頂峰，他有達到高潮的能力，能量源源不絕。

一個快樂的人笑的時候彷彿是用整個身體在笑，不只是唇部、臉部在笑，而是從頭到腳都在笑，好像處在全然的高潮。快樂的漣漪從他的本性流露出來，他的生物能藉著笑徹底展現，那是一場歡舞。當一個健康的人悲傷，他就真的悲傷、全然地悲傷；當一個健康的人生氣，他就真的、全然地生氣；當他在做愛的時候，他就真的在做愛，沒有雜染，當他做愛的時候，他就只是在做愛。

事實上，說他在做愛是不對的，在這方面，英文的表達是非常粗鄙的，因為愛無法被做。不是他在做愛——他就是愛，他只是一股愛的能量。他只是完全處在自己的行動中，如果他在走路，他就只是一股走路的能量，其中沒有走路者的存在；如果他在掘土，他就只是掘土。

一個健康的人不是一個實體，他是一個過程，一個動態的過程。或者我們可以將他稱為一個動詞而不是名詞……是流動的而不是一條河流，他不斷向四面八方流動、洋溢。反對能量流動的社會都是病態的，對能量流動感到膽怯的人都是病態的、偏頗的，他們都只是局部而不是整體地運作。

有很多女人都不知道什麼是高潮，也有很多男人也不知道什麼是全然的高潮。許多人達到的只是局部的高潮、性器官的高潮、被侷限在性器官的高潮，只在性器官起了小小的漣漪——然後就結束了。那不像是落入深淵、掉入漩渦裡被淹沒的感覺，在某些片刻裡，時間彷彿是停止的，思緒也不再運轉，你不知道自己是誰，那就是全然的高潮。

人既殘缺又病態，因為社會千方百計在癱瘓他。社會不允許你全然地愛、全然地憤怒、全然地成為自己，把無數的禁制加諸在你上。

如果你想要真的健全起來，那就必須使自己不受任何約束，瓦解社會加諸在你身上的一切。社會充滿了罪惡，可是我們只有這樣的社會，現在是拿它沒辦法的。所以每個人必須找出自己獨特的方法來脫離這個病態的社會，而最好的方法就是：盡可能找法子來使自己變得更能夠感受高潮。

如果你游泳，那就游泳，但是要用整個生命去游，好讓你成為游泳的狀態：那是動詞，名詞已經不見了。如果你跑步，那就跑步，變成那個跑，而不是那個跑者。你們的奧林匹克運動會中都是跑者、自我、競爭者……野心，可是如果你能夠沒有任何跑者的存在，只是單純地跑，那個跑即成了禪、成了一種靜心。跳舞，但是不要變成一個舞者，因為舞者會開始習慣性地操控，那就無法成為全然的，只要跳舞，讓那個舞動帶你到任何地方。

**讓生命成為可能，信任生命，那麼生命將慢慢瓦解所有的禁制，能量會開始向以往被禁止的方向奔流。**

因此，不論你在做什麼，都要秉持這個概念：你必須變得更流動。如果你和人握手，那就真的握著他，反正你都已經握著他了，所以何必白費這個片刻？要真的握住他的手！不要只是像兩個死人一樣握住對方，還暗忖著對方何時才罷休。如果你在講話，那就讓講話成為一股熱情，不然你會讓自己和別人都厭煩。

生命應該成為一股熱情，一股生氣蓬勃的熱情、充滿脈動的熱情，一股無比的能量。不管你在做什麼，都不要死氣沉沉的，不然就別做。沒有什麼是你的義務，可是只要是你想做的，就全心全意去做。

一切的禁制都會慢慢消失，你的生命將徹底重生，你的身體會重生，你的心理也會重生。社會已經癱瘓了身體和心理——癱瘓了一切，社會只給你特定的選擇，使你像隻井底蛙，看不見整片天空。

你需要接受你的身體，
你需要愛護你的身體，
你需要敬重你的身體，
感謝你的身體……

# 第三章　幸福的基本要件

傾聽身體，身體不是你的敵人；當身體說些什麼的時候，要照著做，因為身體有它自己的智慧，別扭曲它，別再玩頭腦的遊戲。我不會教你死板的規則，我只給你覺察的觀念。

要傾聽你的身體。

身體是你的朋友，不是敵人。

傾聽它的語言，解讀它的話語，

漸漸地，當你可以進入身體這本書並閱讀它的時候，

你將覺察到，整個生命的奧祕就濃縮在你的身體。

無限放大後的身體有如一個世界，

可是如果將世界濃縮，那就是你眼前的這個身體。

你與身體的許多部分都沒有連繫，你只是攜帶著身體在行動而已；連繫意謂著一種深刻的感受，可是你甚至沒有感覺到自己的身體。只有在生病的時候，你才會感覺到自己的身體。你在頭痛的時候才會感覺到頭，沒了頭痛就失去與頭的連繫；當腳部有傷痛的時候你才覺察到腳。唯有在出了什麼問題的時候，你才會有所覺察。

如果一切都沒問題，你會完全沒有覺察，但其實唯有此時才可能連繫——當一切都沒問題的時候。因為有問題的時候，連繫是藉著疾病、藉著某種差錯而發生，此時你不是健康的。

你有頭，可是頭痛出現才讓你與之連繫，因此連繫不是因為頭，而是因為頭痛。唯有在頭充滿健康的時候，與頭的連繫才有可能。可是我們幾乎完全失去這種能力，當身體好好的時候，我們反而是與它失去連繫的，因此連繫成了危機的警告。

當頭痛發生的時候你要注意，可能要吃藥或做些什麼，這樣才能使你和身體連繫，然後才能做些什麼。

## 與身體連繫

試著在健康無恙的時候和身體連繫。只是閉上眼睛，躺在草地上，品嘗內在的那種感覺、品嘗幸福在瀰漫的感覺；躺在小溪裡，讓溪水碰觸身體，讓每個細胞都平息下來，讓每個細胞感覺體內的那一份平靜，深入你的身體。身體是一種偉大的現象，是自然中的一大奇蹟。

坐在陽光下，讓陽光滲透你的身體，當它滲入，深入你的血液、骨頭時，感受那份溫暖。太陽是生命的源泉，閉上眼睛，感覺這個發生，保持警覺，觀照、享受。漸漸地，你將察覺到一種細微的和諧，感覺到內在持續不斷的美妙樂音。這樣你才算與身體有了連繫，否則你還是拖著一具了無生趣的軀體。

事情就好像這樣：愛車的人和不愛車的人，他們與車子連繫的方式和關係是不同的，不愛車的人只是開車，把車子視為一個機械裝置。可是愛車的人會意識到車子最微細的改變，車聲最微細的改變，只要一有變化，他就會立即察覺到。乘客也坐在車子裡，可是沒有人能聽見、察覺，但只要引擎聲有些微的改變，只要有任何動靜和改變，愛車的人都會察覺到。他與車子深深連繫著，不只是在開車而已，車子也不只是個機械裝置，他已將自己拓展到車子，也讓車子進入他的生命。

你的身體也可以被當成機械裝置來使用，這樣你就不必對它很敏感。然而身體不斷說著話，但你卻聽不到，因為你和它沒有連繫……

在俄羅斯有一項進行了三十年的研究，得到許多結論。其中有一項很具啓發性的結果是：每當有某種疾病要發生，身體會在疾病發生的前六個月不斷給你訊號，足足有六個月這麼長！如果一九七五年會有一項疾病出現，那麼在一九七四年的年中，身體就會給你訊號——可是你並沒有聽到，你不曉得、也不了解，只有當疾病發生的時候你才有所察覺。或者你根本沒有察覺，只有醫生知道你的身體埋藏著問題。

這個研究者現在製造出一種能夠事前偵測疾病的照相機和底片，他認為可以預先治療疾病，那個時候患者絕對察覺不到疾病是否存在。假使癌症明年將出現，那麼現在就可以著手治療。雖然身體上沒有跡象，可是身體的電場卻在改變——改變不是發生在身體，而是發生在身體的電場，生物能的層次。病變會先發生在生物能的層次，然後才會延伸到身體的層次。

如果疾病能在生物能的層次獲得治療，那就不會來到身體的層次。因為這項研究，未來的人便有可能不生病、不必上醫院，因為疾病在真的降臨身體之前就能被治好了，只不過必須藉由某種機械裝置來偵測。你是不可能偵測到的，因為你還活在身體的層次，你和生物能之間尚無連繫。

或許你聽過有關印度的托缽僧、修行者（rishis；譯注：字義為「見者」）、禪師、佛教比丘的種種，他們宣稱能夠預知死期。你也許會對此大感訝異，就是他們總是在六個月之前知道——絕不可能更早，始終是在六個月之前。

許多聖者會宣稱他們將要死去，但最多在六個月之前宣布，這不是偶然的，這六個月有某種意義。在肉體死去之前，生物能會先死去，一個與自己生物能有深切連繫的人，會知道現在生物能已經開始枯萎。生命意謂著拓展，死亡則意謂著枯萎，而他感到生命的能量正在枯萎，所以才宣稱將在六個月後死去；一個禪師甚至能夠選擇死亡的方式——因為他知道。

有一個禪師即將離世，所以他問他的門徒說：「要用什麼姿勢死呢？給個建議吧！」他的門徒開始笑了，他們心裡想說這傢伙又在開玩笑了，因為他一直都在開玩笑，他有些古怪、有些瘋狂，是一個瘋狂又美妙的老人。

所以有一個人建議說：「站在寺院的角落死如何？」

那老人說：「聽說從前有人這樣死過，這沒意思，給點獨特的建議吧！」

接著有人說：「在花園中散步的時候死掉。」

老人又說：「聽說中國也有人以這種方式死掉。」

後來有人提出一個史無前例的建議：「用頭倒立的姿勢死掉。」從來沒有人這麼做過，要用頭倒立死掉是很困難的，即使用這種姿勢睡覺也不可能，死亡就更難了。連睡覺都不可能，更遑論死亡這個最大的睡覺，不可能——即使連睡覺都是不可能的。

老人接受了這個建議，滿心歡喜地說：「這太好了！」

那些人以為他只是開玩笑，可是他真的用頭倒立，所以就驚惶失措地說：「他在幹嘛？現在怎麼辦？」這太怪異了，一個倒立的死人，他們開始害怕起來，於是有人說：「師父有一位妹妹，她是附近一所寺院裡了不起的尼師，去請她來好了，或許她有什麼辦法，因為她很了解師父。」

於是那位尼師來了，據說她對這位老人說：「一休，」（Ikkyu；譯注：西元一三九四──一四八一，日本臨濟宗僧）一休是這位禪師的名字。「別蠢了！這樣是死不了的。」

一休笑了，然後從倒立跳回站姿說：「好吧！那要怎麼樣才對？」

那位女尼說：「用蓮花坐姿──坐佛的姿勢死掉，別無他法。你怎麼總是那麼蠢呢？這樣會被大家笑的。」

據說一休以蓮花坐姿死去，然後他的妹妹就離開了。

他真是一個很美的人。但是他如何知道自己的死期呢？甚至還能夠選擇姿勢！因為他能夠感覺生物能已經開始萎縮了──可是唯有當你不是只與身體的表面，而是身體的本質連繫的時候，才可能有這種感覺。

因此首先要試著對身體更敏銳，聆聽它，它一直在對你訴說許多事，可是你那麼頭腦取向，所以完全不聽。每當頭腦與身體起了衝突，你的身體幾乎都是對的一方，因為身體是自然的，頭腦則是社會化的；身體屬於這個無根的自然，頭腦則隸屬於特定的時代、年代和社會；身體根植於存在，頭腦不過是表面上的漣漪罷了，可是你總是聽頭腦的，從不曾聆聽身體。因為這種長久的習慣，你和身體的連繫不見了。

你有心，心是根本，可是你與它毫無連繫。第一步是與身體連繫，不久你會察覺到，整個身體其實是微繞著心、就好像整個太陽系的行星圍繞著太陽一樣在震動。

印度教徒把心稱為身體的太陽，身體是個太陽系，圍繞著心在運轉。心跳一開始，你有了生命；心跳一停止，你即死亡。心一直都是身體這個太陽系的中心，要留意它，但這唯有在你能夠覺察到整個身體的時候才有可能。

## 真實面對自己

**記住，要真實地面對自己**。那該怎麼做？記住三件事：第一件事，對於自己應該成為什麼樣子，永遠不要聽從任何人的說法；你始終要聽從自己內在的聲音，聽聽看你要的是什麼，不然就徒浪費了你的生命。

你的周遭充斥著無數的誘惑，因為有許多人在兜售他們的東西，世界是一個超級市場，每個人都在向你推銷東西，每個人都是推銷員。如果你聽了太多人的話，你會瘋掉。別聽信任何人，只需閉上眼睛，傾聽內在的聲音。靜心就是這麼一回事：傾聽內在的聲音，這是第一件事。

第二件事——唯有第一件事完成後才有可能：**永遠不要戴面具**。如果你憤怒，那就憤怒，那確實是危險的，然而就是別笑，因為那不真實。可是你們被教導在生氣的時候要笑，這樣的笑是假的、是副面具，只剩下嘴唇在動，你的內心充滿了憤怒、毒素，但嘴唇卻在笑——你已經成了一個虛假的現象。

接著會有另外一種狀況，就是：當你要笑的時候卻又笑不出來。你的整個機制變得顛三倒四，因為憤怒時無法憤怒，憎恨時無法恨。現在你想愛，突然發現那個機制動不起來；現在你想笑了，真的滿心想笑、想開懷大笑的時候，卻又笑不出來。心和喉嚨被某種東西塞住了，你笑不出來，或者即使笑出來，也是蒼白、死氣沉沉的笑，那無法使你快樂，你不會因此生氣盎然、神采奕奕。

當你憤怒的時候，就憤怒，憤怒沒什麼不好；如果你想笑，那就笑，放聲大笑沒什麼不好。慢慢地，你會見到整個機制又動了起來。當它運作的時候，真的會瀰漫著一種嗡嗡的聲音，就好像汽車一樣，當一切都運作良好的時候，嗡嗡的聲音就出現了；一個愛車的駕駛人知道現在一切都完好地運作著，有一種有機的統一性——這個機制完善地運作著。

你可以觀察到：如果有一個人的機制運作得很完善，你就可以聽到圍繞在他周遭的嗡嗡聲。雖然只是走路，可是他的腳步中有著舞蹈；雖然只是講話，可是他的言語中帶著微妙的詩意；雖然只是在看你，但他是真的在看你，充滿溫暖而不冷淡；當碰觸你的時候，他就真的在碰觸你，你能夠感覺到他的能量流進你的身體，感覺到一股已轉化的生命能量……因為他的機制運作得很完善。

別戴假面具，不然會使自己的機制失能——你凍結它的功能，你的身體中有許多這種卡住的能量。一直壓抑憤怒的人，他的下巴會凍結，所有的憤怒上升到下巴就停在那裡了；他的手也會變醜，不會有舞者般優雅的動作，不會，因為當憤怒來到手指時就凍結在那裡。

記住，憤怒可以從兩個地方獲得抒解，一個是牙齒，另一個是手指；因為所有的動物在生氣的時候，他們會咬人或者是用爪子抓人，因此爪子和牙齒就成了抒解憤怒的兩種管道。

我懷疑過度壓抑憤怒的人會有牙齒方面的問題，因為有太多能量聚集在那裡，得不到抒解。任何壓抑憤怒的人都會吃得更多，因為牙齒需要一些運動；憤怒者也會吸更多菸，講更多話，話多得像著魔一樣，因為下巴需要藉此運動，以便使能量獲得一些宣洩；憤怒者的手有如打了結一般醜陋，如果那些能量能獲得抒解，那麼他們會有一雙優美的手。

如果你有任何的壓抑，身體相對應的部分會反映出那個情緒。如果你無法哭泣，那麼眼睛會失去光澤，因為眼睛需要淚水的滋潤。眼睛是一種非常敏感的現象，如果你真能深深的哭泣——變成哭泣，那麼淚水會湧出，你的眼睛會得到清理，再次清新、年輕、潔淨起來。

那就是為什麼女人的眼睛比較美，因為他們還能夠哭泣；男人的眼神已經不見了，是男兒有淚不輕彈這個看法所使然。如果有個小男孩哭泣，他的父母或是別人就會說：「你在幹嘛？想當娘娘腔嗎？」這實在很愚蠢，因為不管是男人還是女人，神都給了你們淚腺，如果男人不可以哭泣，那麼他們應該沒有淚腺才對。這是很簡單的算術，就是：為何男人和女人都擁有同樣大小的淚腺？是因為眼睛需要淚水的滋潤，而且，你若能全心全意的哭泣，那將是很美的。

切記，如果你無法全心哭泣，那麼你也無法笑，因為笑是哭的另一極。

能夠笑的人也能夠哭，無法哭的人就無法笑。有時候你會看到一個笑過頭的小孩竟然哭了起來——因為笑和哭是互為表裡的。我曾經在鄉下聽見一位母親對他的小孩說：「別笑得太過火，否則你會開始哭。」講得完全正確，因為哭和笑並無不同，它們是擺盪於兩極間的同一股能量。

因此第二件事情就是：不要戴面具——要真實，不管代價是什麼。

第三件事情是誠摯以對（authenticity）——始終要處在這個當下，因為一切的虛假都源自過去或未來。過去的已然過去，別再為之困擾，別將那重擔扛在肩上，不然你無法誠摯地面對這個當下；而且，一切尚未發生的都還沒發生，沒必要杞人憂天，否則當下就被未來毀掉了。真實地面對當下，如此你將變得誠摯，處在此時此地就是誠摯。

## 學習放鬆自在

社會一定會把你塑造成行動、野心、速度、效率，它不會將你塑造成放鬆，無所事事地閒在那裡，它會把一切的悠閒譴責成懶惰，那些沒有瘋狂地活動的人都被它譴責——因為整個社會都處在瘋狂的行動中，都極力要去到什麼地方，沒有人曉得要到哪裡，但是每一個人都唯恐腳步不夠快。

我聽說有一對夫婦在路上死命地開快車，妻子不斷對她的丈夫說：「拜託你也看一下地圖吧！」

那男的說：「閉嘴！你給我安靜一點，我才是司機。我們要去哪裡不是重點，重點在於我們的速度，速度才是真的。」

在這個世界上，沒有人曉得自己要去哪裡，也不曉得幹嘛要去。

蕭伯納（George Bernard Shaw；譯注：西元一八五六—一九五〇，愛爾蘭劇作家、散文家）有一段廣為人知的趣聞。有一次他從倫敦出發，繼續他的旅程時，遇到一個車票收藏家，於是蕭伯納翻遍所有的皮夾、旅行袋、皮箱，此時這個收藏家說：「我知道你，人人都知道你，你是蕭伯納，是一個世界性的名人。你的車票一定在，只是你忘了放在哪裡，別擔心，沒關係的。」

蕭伯納對那個人說：「你不了解我的問題，我不是要拿車票向你炫耀，我是要知道自己下一站是哪裡，如果那些沒有意義的車票不見了，那麼我也迷失了。你以為我在為你找車票嗎？不然你告訴我我該去哪裡？」

那位收藏家說：「你言重了，我不正在幫你嗎？別慌。也許當你到了車站之後，你就會記得了。但是我怎麼可能告訴你你該去哪裡呢？」

然而這正是每個人的處境。很慶幸的，我們周遭並沒有靈性的車票收藏家，無時無刻在向你查票說：「你要去哪裡？」否則你將會愣在那裡、講不出話來。你一直在旅途中，不必懷疑，你的整個生命一直朝著某些地方旅行，但其實你並不知道要去哪裡。

唯一確定的是，你將抵達墳墓，然而那並不是你要去的地方，而且也沒有人願意去那個地方，可是每個人最後都到了那裡。那裡是所有火車的終點站，如果你不知去向，那就等著去到終點，最後車掌會對你說：「下車，現在火車哪兒都到不了了。」

整個社會就是為工作而設計的，這是一個工作狂的社會，它一點也不要你學習放鬆自在，所以從小就灌輸你反對放鬆的概念。

我不是要你一整天都在放鬆。依舊去工作，但是給自己一些時間，但那唯有在你放鬆的時候才有可能，而且你會發現，如果每天都能夠放鬆一、兩個小時，那將給你一份對自己的深刻洞見。

放鬆能改變你的外在行為，你會變得更沉著、更平靜；放鬆也能改變你的工作品質，你的工作將變得更藝術、更優雅，你會比從前更少犯錯，因為現在的你更穩定、更歸於中心。

**放鬆有神奇的力量，它不是懶惰。**一個懶惰的人外表看似放鬆，好像沒在做什麼，可是他的頭腦卻狂奔不已，而一個放鬆的人則是身體、頭腦、心都是放鬆的。

一個人只要在這三個層次放鬆——身體、頭腦、心——幾乎像是消失了，那麼他的身體會在這兩個小時裡復原，他的心、他的智能也會復原，你會看到他的工作品質煥然一新。

他不會在工作上失敗，雖然他不再狂熱，不再到處跑來跑去。他會單刀直入，直接做有必要做的，不會拖泥帶水；他只說必要說的話，他的話語是簡潔有力的；他的動作是優雅的，他的生命變得像首詩一樣。

放鬆能夠將你轉化到這種高超的妙境，而且技巧很簡單，沒有什麼深奧的，頭幾天你會覺得很難，那是因為你的舊習慣，只需要幾天的時間就可以打破你的舊習慣。

隨著愈來愈深的放鬆，靜心就發生了。

最深的放鬆名為靜心。

身體有著了不起的智慧——要允許它，要愈來愈允許它追尋自己的智慧。一有時間就好好放鬆，讓呼吸自行發生，別干涉它。我們好管閒事的習慣是那麼根深柢固，以致於連呼吸都介入了。觀察你的呼吸，你馬上就能了解自己已經開始介入了：你已經開始深深的吸氣或者是呼氣。一點也不需要干涉，只要讓呼吸保持本來的樣子，身體完全知道自己要的是什麼。如果需要更多的氧氣，它就會吸進更多氣；如果不需要，它就會吸少一些。

把它交給身體去處理！一點也不要介入。每當有任何的緊張，放鬆那個部位，慢慢來……先從你坐著、休息的時候開始，然後再延伸到做事情的時候。當你在拖地板、在廚房工作的時候，也保持同樣的放鬆，不必讓行動干擾你的放鬆狀態。如此一來，你的行動就有一種美、一種無比的美，你的行動將帶有靜心的品質。

但人們卻不必要地努力著，有時這樣反而起了阻礙，反而是自找麻煩。

在暴風雪來的時候，市中心出現許多混亂狀況，穆拉‧那斯魯丁越過街道去幫一個胖女人坐進計程車。在風雪中一陣推擠之後，那斯魯丁還以為她上不了車。

那女的說：「上車？我是要下車啊！」

只要仔細看……許多事情如果你勉強，你將會錯過。一點也不要迫使河流流動，也不要逆流而上，河流會自行流入大海——只要變成它的一部分，變成旅程的一部分，河流會帶你去到終極的境界。

如果放鬆，我們就能了解；如果不放鬆，我們將無法了解。放鬆是通往無上了解——成道——的那一扇門。

## 哈哈大笑一場

幽默能夠整合你的分裂，幽默可以把支離破碎的你連結成一個整體。難道你沒有察覺嗎？當你真心地笑，一切的支離破碎頓時都消失了，你成了一個整體。當你笑的時候，你的靈魂和身體是一體的，它們倆一起笑著。當你思考的時候，你的身體和靈魂是分離的；當你哭的時候，你的身體和靈魂是一體的，身體和靈魂和諧一致地運轉著。

始終要記住：那些能夠使你完整的都是好的，笑、哭、跳舞、歌唱——這些都能使你成為一體，在其中，你以和諧而沒有分裂的狀態在運轉著。頭腦在思考，而身體卻在忙其他種種事，例如你在吃東西，可是頭腦卻在思考，這就是分裂。你在走路，身體走著，可是頭腦卻在思考——不是在思考道路、周圍的花草，也不是在思考太陽、思考路上的人們，而是在思考其他各領域的種種。

看看歡笑，如果那是一個真切深刻的笑，不是一個虛偽的笑，不是只有嘴唇在笑，那麼你會赫然感到自己的身體和靈魂一起脈動。不是只有身體在笑，還滲入最深處的核心；笑由你的本性浮現出來。在歡笑中你是一體的。

在新英格蘭的鄉下有一個很醜的人，村民常常拿他當笑柄。有一個整形醫師在那裡渡假的時候遇見了他，感到非常震撼，於是想免費為這個人做一次整形。「事實上，」他說：「這太離譜了，你跟我到英格蘭去，我要把你整形成一個美男子。」

當醫師要在他臉上畫下第一刀之前說：「你真的要我徹底地、完全地改變你的臉孔嗎？」

「不，」那男人回答說：「不用太徹底，我只要那些傢伙知道什麼叫做美男子。」

自我就是這麼在運作，你想要那些傢伙知道什麼是美男子，你想要人們知道何謂溫婉，何謂謙遜、何謂卑微。就算是這樣的欲望，自我依舊毫髮無傷地活躍著，什麼也沒改變。**唯有全然的改變才是一種改變。**

郭德堡在股市輸了一大筆錢，身處危急之中。他去看醫生說：「醫生、醫生，我的手無法停止顫抖！」

「告訴我，」醫生說：「你是不是喝太多酒了？」

「我無法喝酒，」郭德堡說：「酒全被我的手抖翻了！」

「我知道了，」醫生接著對他做徹底的檢查，檢查完畢後，那醫生說：「告訴我，你的手臂是否感到刺痛，膝蓋是否會痛，並且突然一陣頭昏眼花？」

「沒錯，」郭德堡回答說：「正是如此。」

「這就好玩了，」醫生說：「我也是這樣耶……讓我猜猜這是怎麼一回事！」

然後那醫生花了幾分鐘提到有關軋支票的事情，然後繼續他的診察說：「告訴我，你曾遇到這些狀況嗎？」

「是的，」郭德堡說：「我遇過。」

「哦，原來你也一樣。」醫師這麼回答，然後按了號碼鈴通知下一位患者，然後對他說：「你又得了那個病了！」

* * *

佛瑞德看完醫生回來時的臉色很嚇人，他向老婆蓓琪說：「醫生宣判他活不過今晚。」於是蓓琪緊抱著他，雙雙哭了一會兒，然後蓓琪建議說早一點上床，好再做一次愛。

他們一直做到蓓琪睡著，可是佛瑞德不敢睡，因為這是他的最後一夜，因此他躺在黑夜裡，一旁伴隨著蓓琪的鼾聲。

佛瑞德在他老婆的耳邊輕聲說：「蓓琪，請再回味一次往日的時光吧！」可是蓓琪依舊在打鼾。

佛瑞德望著手錶，把身子傾向老婆，然後用力搖著她：「求求你，蓓琪，只要再回味一次！」

蓓琪則是眼巴巴地看著他說：「佛瑞德，你怎麼可以這麼自私？你倒是無所謂，可是我明天還要起個大早啊！」

每一個家庭裡所有舊時代的人都在這麼做，就品嚐一下他們這種和睦的狀態吧！

郭德堡一副很悲傷的樣子，因為他的老婆病了，所以他將醫生請來。在檢查過郭太太之後，醫生對郭德堡說：「恐怕不樂觀，你太太只剩幾個小時可以活了，希望你了解已經回天乏術，別太痛苦。」

「沒關係，醫生，我已經痛苦了四十年，可以再痛苦幾個小時無所謂。」郭德堡說。

只要記得這個對健康的定義：當你完全沒有感覺到自己的身體時，你的身體就是健康的。當你頭痛，你會感覺到自己的頭，當你完全沒有頭痛，你對頭是沒有任何感覺的——只是像光明一般，沒有重量；當你腳痛，你就感到它們的存在，當疼痛不在，腳就消失了。這是我對健康的定義：當身體健康時，你完全感覺不到它的存在，不管它在不在那裡，都沒有差別。

這對一個健康的頭腦而言也是真的，只有病態的頭腦才會被感覺到。當頭腦正常、寧靜，它就無法被感覺到。當身體和頭腦都寂靜不動，靈魂就更能輕易地在笑聲中被感覺到，完全不必嚴肅以對。

郭德堡去看醫生，因為他過度擔心錢的問題，所以感到非常耗弱。「放鬆，」醫生說：「兩週前才有一個傢伙感到心煩意亂，因為他欠一位裁縫師錢，付不出來。」

「我知道，」郭德堡說：「我正是那位裁縫師。」

這些情境是存在的……然而如果你有些警覺，甚至郭德堡所面臨的情境你也能一笑置之。你可以在任何地方發現這些荒謬的情境，生命中到處都是這些情境。

有一個男人至少帶了十二個小孩登上公車，有個中年女士問他說那些小孩全是他的嗎？「當然不是，」那男人大聲駁斥說：「我是避孕器的推銷員，這些小孩全是控訴避孕失敗的代表。」

四處看看，你會發現種種荒謬的情境，要學習如何享受它們的藝術。

喬被一隻狗咬了，他的傷口很久都好不起來，所以去看醫生。醫生對咬傷他的那隻狗做了檢查，果然如他所料，那隻狗的確有狂犬病，「現在給你打血清恐怕太晚了。」他對喬說。

隨後喬坐在醫生的辦公桌上，狂熱地寫起東西來。「也許不會那麼糟，」醫生安慰他說：「沒有必要現在就開始寫遺書。」

「我不是在寫遺書，」喬回答說：「我只是把自己想要咬的人列出來。」

如果真的回天乏術，而且就快要瘋掉，那何不利用這個時機把那些人列出來呢？這真是個大好時機……

享受生命，對你周遭荒謬的事物一笑置之，一路笑著走向神的殿堂。那些笑夠的人已然抵達，嚴肅的人依舊拉長著臉在流浪。

為了觀摩，年輕的道伯特醫生和一般科的彭尼斯醫生一同出外診。「我去看前兩位患者時，」彭尼斯說：「你要仔細觀摩，這樣你很快就可以上手了。」

他們在頭一家遇到一個憂傷的男人。「我老婆有很嚴重的胃絞痛。」那男人說。彭尼斯為他老婆做了一個小小的檢查，然後往床底下一看，「這位太太，」彭尼斯說：「你一定要戒掉吃甜食和巧克力的壞習慣，不消一天就可以好起來。」道伯特則偷偷往床底下一瞄，看到一堆亂七八糟的糖果餅乾。

接下來的那一家，他們遇到心煩意亂的蓓琪・郭德堡。「是郭德堡得病，醫生！」她哭訴著說：「他把昨天的事全忘了，而今天則更嚴重，當我拉他上床時，他竟然昏了過去。」

對郭德堡檢查之後，彭尼斯彎下腰去看了看床底，「這很簡單，」彭尼斯對郭德堡說：「你喝酒喝得太凶了！」道伯特醫生又偷瞄了一下，看到七個琴酒的空瓶子。

第三家輪到年輕的道伯特醫生初顯身手了，他按了電鈴之後等了好一會兒，一位激動的妙齡女子前來回應。

「你先生要我們來應診，」道伯特：「他說今天早上你已經不是你原來的樣子，所以要我們來給你作檢查。」

隨後他們上樓去，那女子躺了下來。道伯特對她做完檢查之後便往床底下一看，

「好了，」他推斷說：「我幫你開一份無奶成分的飲食菜單，這樣你就會好起來。」

當這兩位醫生離去的時候，彭尼斯心有所感地問：「你的診斷是怎麼得出來的？」

「嗯，」道伯特說：「是循著你的方式，我往床底下一瞧——發現那裡躲著一個送牛奶的男人！」

* * *

史羅伯瓦和科瓦斯基在一家名叫「教宗和妓女」的酒吧裡喝著午夜啤酒。

「你老婆的手藝如何？」科瓦斯基問道。

「今晚我回到家的時候，」史羅伯瓦說：「我老婆正哭哭啼啼著，因為我家的狗把她為我做好的派給吃光了。『別哭，』我對她說：『我再買一隻狗給你。』」

* * *

「克羅曼先生，」彭尼斯醫生說：「雖然你病得很重，但我認為我可以把你醫好。」

「醫生，」克羅曼哭著說：「如果你能救我，等我好的時候，我會捐五千美金給你的新醫院。」

幾個月之後，彭尼斯在街上遇到克羅曼。「感覺如何？」彭尼斯問。

「太棒了，醫生，我現在好得很！」克羅曼說：「從沒這麼好過！」

「我有話要跟你說，」彭尼斯說：「要捐給新醫院的那筆錢呢？」

「你在說什麼？」克羅曼說。

「你說過，」彭尼斯回說：「如果你好起來，你就要捐五千美金給我的新醫院。」

「我說過嗎？」克羅曼問說：「那只是表示我病得很重罷了。」

身體是宇宙裡最精緻的結構，
它是如此的不可思議！

# 第四章 身心症狀與處方

當你使身體不自然地行為，就會引發某些疾病，這些疾病是你的朋友，它們是在說：「改變你的方式！你已經在某些地方違反自然了。」如果你三、四天不吃不喝，你會頭昏眼花，你會飢餓、痛苦，整個身體都會告訴你：「吃東西！」因為身體需要能量。

始終要記得：**能量是中性的，所以你生命的品質完全取決於你。**你可以快樂，也可以不快樂——一切全都依你而定，沒有人該對此事負責。

餓的時候就吃，渴的時候就喝，睏的時候就眠，別違反自然。有時候你會勉強，因為有蠻大的限度。如果你想斷食，那你可以斷食個幾天，可是你會日益衰弱，愈來愈痛苦。如果你想停止呼吸，那你可以幾秒鐘不呼吸，但也只能幾秒鐘——只能有這麼多的限度，如果再不好好呼吸，你會馬上感到窒息，感到死亡在逼近。

所有的痛苦都是為了向你指出錯誤在哪裡，說你已經走偏了，要馬上修正回來！如果你聽從身體，聽從自然，聽從你內在的本性，你會愈來愈快樂。要好好傾聽自然的聲音。

## 腹部的緊張

像石頭般堅硬的胃是大多數人的苦痛，那是萬病之源——不管是生理的還是心理的，因為胃部是你肉體和心理的交會點，兩者交會在肚臍之處，肚臍是生理和心理的交會點。因此，如果腹部周圍的肌肉變得如石頭般堅硬時，那你會變得非常分裂，身體與心理會分裂為二，變成幾乎是不相干的兩回事，無法產生連繫。

有時候你會做出頭腦想做但身體卻不想做的事情。譬如說吃東西，身體不餓但卻不停地吃，因為頭腦享受那樣的味覺。這會使身體失去原有的感覺，因為感覺被切斷，連結已不存在。有時候可能是你醉心於玩牌或者是看電影，絲毫感覺不到身體已經餓了。如此一來，一個人會變得像兩條平行的線，永遠沒有交集，精神分裂就是這個樣子。

就某種程度上而言，很難找到沒有精神分裂的人，而這些人始終有同樣的症狀：如石頭般堅硬的胃。

因此首先要做的是：**開始深深地呼氣**。當你自然地、深深地呼氣的時候，胃部一定會往內縮，然後放鬆、讓空氣往內湧入。如果你深深地呼氣，空氣將會大量地往內湧入。這會像把錘子一樣，將你胃部周遭堅硬的結構毀掉……這是第一件事。

其次是：當你早上運動完之後，用乾的毛巾摩擦、按摩你的胃部，從右到左四處摩擦——不要違反這個原則——按摩三、四分鐘，這也能夠幫助你放鬆下來。

第三件事情是：可以的話，做一些跑步，跑步是非常好的——慢跑、快跑都可以。就是這三件事，這種如石頭般的堅硬感會在一個月之內消失。

## 僵硬感或是缺乏流動性

當自己身上披著厚重的盔甲時，最好是能夠意識到它。那不過是一件盔甲，不是它在束縛你，而是你在執著它，因此在你變得覺知的時候，你就可以輕鬆地將它拋掉。盔甲是死的，如果你不背著它，它就會消失；可是你不只帶著它，還不斷的滋長它、壯大它。

文明就是這個樣子，一種非常神經病的狀態。文明是一種神經病，而且還付你酬勞——這就是為什麼我們選擇成為神經病的原因。當人日益覺知，就愈發現其中的代價實在太慘重了，你固然從中得到收穫，可是被帶走的更多；它給了你許多，但卻帶走了你的靈魂，給了你更好的生活水平，但也把你毀了。

每個小孩都是流動的，他身上沒有任何僵滯的部分，他全身上下是一個完好的有機整體。對他而言，頭腦並不重要，腳也不是不重要，其實兩者對他並無不同，其中的界限、疆域是不存在的。可是區隔漸漸開始浮現，頭腦開始成了主人、老大，身體被區分為不同的部分，某些部分被社會所接受，某些部分則否；某些會危及社會的部分幾乎都要抹煞掉。難題因此產生了。

所以，要注意身體哪裡被卡住了。你覺得哪裡比較有卡住的感覺，是你的腿嗎？是你的腿部、脖子、胸部還是喉嚨呢？

只要做以下三件事。第一：當走路或坐著，或者沒有在做什麼的時候，深深地呼氣。重點是呼氣而不是吸氣，儘量深深地呼氣——透過嘴巴，能呼多少氣就呼多少氣。慢慢地呼氣，讓時間拉得愈長愈好，因為那樣會更深入。當體內的氣全部耗盡之後，不必假手你、身體就會吸氣。呼氣要既慢且深，吸氣則要快速，這樣能解除胸部的束縛，也可以改變你喉嚨的狀態。

第二：如果能夠做一些跑步，那會有幫助，不需要太多，一英里就可以了。只要想像你的重擔從雙腿褪去，彷彿脫落了一樣。如果你的自由被過度囿限，如果你被呼來喚去，不能自由揮灑，那麼腿部會像被穿上盔甲一樣；所以去跑步吧，跑的時候也要將注意力放在呼氣上面。你的雙腿一旦重獲新生，它們將流暢自如，你也會充滿流動的能量。

第三：每天晚上上床睡覺前你都會脱去衣服，當你脱掉衣服的時候，就想像自己不僅是脱去衣服而已，同時也脱去了你的盔甲。要好像真的脱去那層盔甲，脱掉它，好好地深呼吸一下，彷彿卸除了武裝，身上空無一物、沒有任何束縛，然後才去睡覺。

## 肩膀與頸部的疼痛

以下幾種方法會很有幫助，一種是羅夫治療（Rolfing；譯注：由依達羅夫博士（Dr. Ida Rolf）所創的一種調整身體的治療方式），另一種是針灸。

疼痛會消失的——不必擔心，只要記得幾件事。有一位加拿大的心理醫師漢斯博士（Dr. Hans Sehye），他一生都在研究同一個問題——壓力。他得到了確切的深度結論，首先，壓力不見得都是錯的，有時反倒可以產生妙用。壓力不必然是負面的，可是如果我們認為它是負面的，那就不好了，我們會因此製造出難題。

壓力本身能夠當作踏腳石，可以是一種具創造性的力量。可是我們長久受到的教導都說壓力是有害的，所以你就在任何的壓力中恐懼起來，而恐懼又使壓力更大，這樣一點幫助也沒有。

當壓力存在時，要把它當作創造性的能量來使用。先接受它，不必對抗，接受它，壓力完全沒有問題，它只是在說：「市場沒有順利運作，可能出了什麼問題？」「說不定你會失敗」……或者是別種含義。壓力只是身體呈現備戰狀態的指標，但此時你卻企圖放鬆，跑去吃鎮定劑，這是違反身體的；因為某些情境、某些挑戰的存在，身體會呈現備戰狀態：那就享受那樣的挑戰吧！

即使偶爾失眠，也不必擔心。利用那些升起的能量，找些出路，你可以爬上爬下、跑步或走一段長長的路，看你想怎樣都可以，頭腦想怎麼做就怎麼做，這總比勉強入睡要來得好，反正睡不著，那就把這樣的情境作創造性的運用。壓力只不過表示身體已經準備好要面對難題，此時不是放鬆的時候，之後再放鬆也不遲。

事實上，如果全然地經歷壓力，那麼放鬆將自行降臨你身上；倘若你達到壓力的極致，那麼身體會自動放鬆下來。如果在中途放鬆下來，那會替自己惹麻煩，身體不可能在中途放鬆。壓力有如奧運賽跑選手等待哨聲吹響，然後如疾風迅雷般奔去，此時他滿身壓力，這不是放鬆的時刻。如果此時服用鎮靜劑，那對比賽是毫無幫助的，如果他放鬆下來練習超覺靜坐的技巧，那他將一敗塗地。他必須運用他的壓力，壓力正沸騰著，正凝聚著能量，他會愈來愈有活力和潛能，現在的他必須如坐針氈，把壓力當作能量、燃料來運用。

漢斯博士給這種壓力一個新的名稱：良性壓力（eustress），就像是令人振奮的心情一樣，那是種正向的壓力。當比賽結束後，選手將能夠深深地睡上一覺，困難到此結束，難題已然不再，壓力已自行消失了。

所以試試看：**當情境裡有壓力時，別逃開、別恐懼，要進到其中，運用壓力來奮力一搏。**人的能量是無限大的，你愈是運用它，能量就會愈多。

羅夫治療也能帶來幫助，它不是幫助你放鬆，而只是改變你的肌肉組織，使你更有生命力，讓我們順著羅夫治療來做。

當不可避免的壓力情境出現時，讓自己竭盡所能地面對，徹底強烈地進入這個情境，允許它、接受它、歡迎它，壓力是好的，它讓你進入備戰狀態。當情境被解決時，你會詫異，隨之而來的竟然是莫大的放鬆，而且還是不請自來的。也許你失眠了兩、三天，然後竟然沉睡了四十八小時醒不來，那也沒關係！

我們一直帶著錯誤的想法，譬如說，人一天必須睡足八個小時。其實那要視情況而定，有的情況並不需要睡眠，如果房子失火了，你還睡得著嗎？既不可能，也不應該，不然誰要來滅這場火？當房子失火時，別的一切會被拋諸腦後，你的身體會即刻進入備戰狀態，不會有睡意。當火滅了，一切都解決之後，你才可能好好睡上一覺，放鬆就是這麼一回事。

不是人人都需要同樣多的睡眠，有的人三個小時就夠了，有的是兩個小時、四個小時、五個小時、六個小時、十個小時、十二個小時，每個人都不一樣，沒有一定的標準。因此，何謂壓力對每個人而言也是不同的。

這個世界有兩種不同類型的人：一種人是賽馬型的，另一種人是烏龜型的。如果賽馬型的人不准快速前進，不准快速地處理事情，那會對他們造成壓力，他們必須擁有跑步的空間，你是這麼一匹賽馬！所以忘了諸如放鬆這一類的事！那不適合你，放鬆適用於烏龜型的人，所以你就當一匹賽馬吧！這對你來說才是自然的，不要考慮那些烏龜樂在其中的事，那不適合你，你有自己不同的喜悅方式。反過來說，如果烏龜成為賽馬，那也會惹來同樣的麻煩！

你可以逃離市場，那很容易，頭腦會說：「離開人群，把這些全忘了。」但是你不會覺得好過，而是感到更大的壓力，感到自己的能量無處發揮。

所以要接受你的本性，你是一位戰士、一位鬥士，你本該如此，那是你喜悅之所在。沒有必要恐懼，要全心的投入，與市場對抗、競爭，使盡全力做你想要做的。別害怕結果，接受壓力，之後的你將會煥然一新、改頭換面。一旦你接受壓力，壓力就會消失，不僅如此，你也會感到很快樂，因為你能夠運用壓力，它也是一種能量。

別聽那些主張放鬆的人說的話，那不適合你；唯有在你吃夠苦後，放鬆才會出現在你身上。人必須了解自己是什麼類型，一旦了解就不再有難題了，這樣你就有跡可循了。壓力將成為你生活的風格。

## 身體的負面感覺

如果你對生命應該是什麼樣子有特定的想法，那你就會痛苦。身體就是它本然的樣子，如果你對它有什麼概念的話，你會深陷痛苦，所以要丟掉那些概念。

這就是你所擁有的身體，是神賜與你的，運用它、享受它！如果你開始愛護它，你會發現它正在改變，因為一個愛自己身體的人會開始關懷，而關懷隱含了一切。這麼一來，因為注意，所以你不會亂吃東西；因為關懷，所以你不會讓身體挨餓。你會聽從身體的要求，聆聽它的暗示——看它的需要是什麼、何時需要。

當你關懷身體、當你愛身體的時候，你會與它和諧一致，身體也會自動健康無恙。如果你不喜歡身體，麻煩就來了，因為你會漸漸對它漠不關心、忽略它，因為有誰會關心自己的敵人呢？你會不再注意它、迴避它；你將停止聆聽它的訊息，愈來愈恨它。

難題完全是你咎由自取的，身體從不會製造任何難題，難題是頭腦製造的，因此，身體應該是什麼樣子，是源於頭腦的一種概念。沒有一種動物會有這種苦惱，沒有……甚至連河馬也沒有！沒有一種動物會苦惱，牠們完全是快樂的，因為沒有頭腦在那裡找麻煩，不然的話，河馬會想說：「為什麼我長得這個樣子？」牠們從不會庸人自擾。

只要將心目中理想的形象丟掉，愛你的身體——這就是你的身體，是神賜予的禮物，你要享受它，照顧它。如果你照顧它，你就會運動、吃飯、睡眠，無微不至地照料它，因為它是你的工具，那就像在照顧你的車子一樣，你會細聽引擎的聲音——看看哪裡出了問題；即使是像哪裡癢了這種小事，你也會給與關懷。

只要照顧好身體，它就會完美無缺——它本來就是完美無缺的！身體是如此美妙的機制，百般複雜，而且還能極有效率地運轉個七十年。不管是睡著還是醒著、有意識還是無意識，它都靜靜地運轉著，就算沒有你的照顧，還是不停地運轉不輟，為你服務。人應該感謝自己的身體。

**只需改變對身體的態度，身體會在半年內產生改變。**就像一個戀愛中的女人一樣，轉眼間驚為天人。也許這個女人之前不曾照顧自己的身體，可是當她與一個男人相愛之後，她開始在乎起來，現在她可以站在鏡子前端詳自己好幾個小時……只因為現在有人愛著她！同樣的，當你愛著身體，你會見到身體開始改變。

身體需要被愛、被關懷、被肯定，它是個非常纖細的機制，可是人們卻異常粗糙、粗暴地使用它。只要改變你的態度，你就能夠發現這個事實！

## 感覺與身體失去了連繫

第一步是回到身體。如果我們與自己的身體沒有連繫，我們就無法與大地連繫。我們被連根拔起了，沒有任何根；如果不能根植於身體，那你什麼事也辦不了，完全沒輒。你一旦根植於身體，則所有都是可能的。

譬如嫉妒、占有這些難題——全都肇因於沒有根，因為沒有根，所以我們恐懼；因為恐懼，所以我們企圖占有；因為恐懼，所以我們無法信任任何人，因此才有了嫉妒。事實上，我們連自己都無法信任了——這才是難題之所在——當你沒有了根，你要如何信任你自己？

唯有當你深植於大地的時候，信任才會出現。如此一來，不論發生了什麼事，你都曉得自己有能力去承擔、去面對，那你就不會緊抓著別人不放——沒有必要，因為光是你就足夠了。

所以第一個基礎是：**別把別的難題帶進當下，要愈來愈根植於身體**。進一步去感覺身體、享受它的行動，在晨跑中享受身體、享受跑步的能量。游泳，享受身體、享受河流，享受水的觸感。慢跑、跳舞，在風中、陽光中躍動，讓身體再次雀躍起來。

這是頭一件要做的事……而且要盡可能深呼吸。一旦你深入身體，一旦身體再次充滿活力，十個難題有九個會消失，僅存的就不難應付，再也難不倒你了。

社會讓人與自己的身體疏離的伎倆之一就是：將你與身體割離，所以你只不過是靈魂附體罷了，你在身體、同時也不在那裡——你只是徘徊在那裡。你握著友人的手，但卻是兩隻沒有生命的手——死氣沉沉、毫無詩意、沒有喜悅。雖然你在吃東西，但只是把東西往嘴裡塞而已，吃的滋味已經不見了。你眼睜睜在看，可是卻見不著存在令人目眩神迷的本然面貌，而只看到令人乏味的色彩、一片蒼白和晦暗。雖然你在聽音樂，可是出現在你耳邊的只是聲音，音樂已經不見了。

因此，好好利用幾個月的時間來關懷自己的身體：去跑步、遊戲、活蹦亂跳、舞動、歌唱、在山上吶喊，讓自己重回孩提時代！你會感覺自己重獲新生——你將經歷這種感覺，就像毛毛蟲蛻變成蝴蝶一樣的感覺。

## 老化

對身體擁有敏銳的感受，將對生命產生莫大的幫助，那會使你更健康、更完整。很多人已經忘了自己的身體，他們變得健忘，以為身體好像是某種必須隱瞞在衣服底下，始終要隱藏起來、不可曝光的東西，好像身體是某種猥褻、骯髒的東西。這是荒謬的，是一種使人神經不正常的觀念。

身體是美的，身體本身就是美的，不管是年輕還是年老都沒有差別，當然，年輕有它自身的美，年老也有它自身的美。

年輕的身體比較有活力，年老的身體則比較有智慧，每一種年齡的身體都有它自身的美。可是特別是在西方世界，年老的身體已經成為一種非常嚇人的經驗，因為生命已經不知不覺變成年輕的代名詞，這是愚蠢的。東方世界則好一些，那裡認為生命比較是老年的代名詞，因為老人活得更多、經歷得更多、愛過更多，他已經知道許多生命的陰晴圓缺、潮起潮落。老人年輕過，年輕人卻還沒老過。

年老的身體只是擔負了所有的經驗——痛苦、創傷，這些讓人成熟的歷練形成了一種優雅。一旦你開始享受你的身體、愛護它，不管現在處在什麼樣的年齡階段，你將赫然感受到它的美，同時內在許多也會被釋放掉。

## 孤僻感

能量是波動的，就像潮汐一樣，有時漲潮、有時退潮，當你處在能量的漲潮時，要連結、交流、敞開、愛、接受、給與是非常容易的。當你的能量不在漲潮時期，而是呈現退潮狀態時，此時要溝通就非常困難，幾乎是不可能的。然而這兩者來來去去，它們都是生命的一部分，沒有什麼不對，都是自然的——所以要接受它們。

當你感覺自己處在退潮時，別試圖交流，別強迫自己敞開，因為那種敞開不是敞開。此刻是你的種子時期，你只要閉上眼睛，與自己共處，用那段時光來深入靜心，這可以給與靜心很大的養分。當你處在漲潮時，能量四處洋溢且愈來愈激昂，此時正是愛的時刻，那麼就連結、敞開、分享，這是收成的季節；可是你無法一年到頭都處在漲潮期。有句俗諺說，就算是天堂裡的天使也無法一直唱個不停，他們也要休息。

因此當歌曲油然而生時，就歡唱吧！但當你感到一切都是封閉的時候，就讓它封閉，成為自然、不做作的就是這個意思。自然、不做作不是說一天二十四小時都敞開，你又不是便利商店，你也有打烊、休息的時候，否則你會過度疲勞、倍感厭倦。沒有必要一直微笑，政客才會這麼做，他們幾乎是天底下最愚蠢的人。

有時你會流淚，此時應該迎接它的到來；有時你會悲傷，悲傷是美的，所以當你悲傷的時候，就悲傷吧！當你快樂的時候，就快樂吧！真實就是不違背已經在發生的事，而是隨著它走……信任它。蓮花在夜裡凋謝，但隔天早上又再度綻放，這是一種自然的過程。

現代的頭腦、特別是新一代的頭腦，有一種錯誤百出的觀念，認為人必須一直保持敞開，必須一直愛。這是一種新的酷刑，是一種新式的壓抑，最新流行的暴力，這是沒有必要的。

不管是什麼樣的情境，你都可以信賴一個真實的人。如果他感到悲傷，你就能夠確定他是真的悲傷，他是一個真誠的人；如果他覺得想封閉，你就可以確定他會這麼做，你可以信任他。那是一種靜心的狀態——他只想要待在自己的內在，不想往外走，只想深深地自省，這很好！然而若是他笑了、講話了，那麼他就是想和外界連結，有走出去和分享的意願，你可以信賴那樣的人。

**不要把頭腦強加在自己的本性上，讓本性做它自己，**頭腦應該只是個隨從、僕人，可是頭腦始終想篡位。我不覺得這些高低起伏有何不對，只要好好的經歷這個過程，慢慢地，你就有能力看到其實每個月都會有這種情形，有幾天你會非常敞開，也有幾天你會自我封閉。

這種狀態在女人身上比較明顯，因為女人依舊活在週期的變化中，原因是她們的月事，她們體內的化學變化還有著週期性，為期二十八天的週期，那是一種內在的生理時鐘。事實上，男人也有同樣的狀況，只不過比較微妙、比較不明顯。

近來有一些研究顯示，男人也有自己特有的月事，但是因為男人沒有釋放出經血，所以非常不易察覺。可是男人的能量也和女人一樣，每個月有四天的低潮期，但並非生理上、而是心理上的的徵兆——比較是內在，而不是外在的低潮。

如果你觀察自己的狀態，你可以做出統計……持續將它們記錄下來。我覺得你的心情一定是隨著月亮在變動，因此只要觀察你是怎麼隨著月亮在變化。至少記錄一、兩個月，這麼一來，你甚至可以預先知道，你可以藉此好好安排自己的生活。

如果你想和朋友聚會，那就要選在你敞開的時候，絕對不要安排在自我封閉的時候；也不要在你封閉時來見我，而是要在你敞開的時候，這樣你才能接受我。

這些狀態完全沒有問題，那是一種自然而然的過程。

## 從內在去感覺身體

每當頭腦真的有了改變，身體就會受到影響，如果真的是一樁改變，那每每會使你感覺身體深處也起了變化。當身體起了變化，就不必害怕頭腦會再次占據你，沒有那麼簡單。如果只有頭腦改變，但是身體並沒有隨之改變，那麼頭腦就能輕而易舉地再度攻占你，因為那只是表面上的改變。身體是你落地生根之所在。

**身體是你根植於大地之所在，頭腦則如同伸向天空的枝葉**。枝葉長得蠻好看的，可是全都要仰賴深植於黑暗地底下的根。根不善於展現自己，它們不會。如果上下打量，你只會看到枝葉和花朵，永遠感覺不到根的存在。

如果只是枝葉的部分改變，但根部卻無動於衷，那種改變維持不了多久；可是如果根部受了影響，那麼改變將會延續，這時想要再扭轉回來就沒那麼簡單了。所以別擔心，要愈來愈關注、對身體發生的現象愈來愈敏感。

**從內在去感覺身體**——這很美妙，因為有無數人、有絕大多數的人幾乎不曉得身體的感受，他們已經徹底忘了自己還住在身體裡頭……他們有如遊魂一般。是的，身體的感受是一種新的感覺能力，因為人已經完全被根除於身體之外了。

有數不盡的方式在箝制身體，這就是人們害怕裸露的原因，因為一旦裸露，你就更像是身體而不像是頭腦。衣服給你一種身體不存在的感覺——好像只有臉孔、頭和眼睛存在，頭腦的機制就在那裡；因此當裸露的時候，人們會乍然感到自己是身體，所以會感到不安。

待在你的身體裡，因為它是實際存在的，愈來愈有感受……允許身體擁有一切可能的感覺能力。恢復、重拾那些能力，大幅改變你的身體，讓自己能感受到它的存在。譬如說，找個時間，讓自己閉著眼睛躺在大地上……感覺身體與大地同在，別用想的，要去感覺。

跳進河裡，躺在水上、躺在沙灘上，讓自己徜徉在陽光下，多點感受……讓自己更能感受。當你在吃麵包的時候，先感覺它在你手中的質地……再用臉頰去感覺它……聞它的氣味，先讓身體好好認識它後，再來品嚐它……閉上眼睛，讓味覺四處蔓延。

不要急急忙忙，別只是一股腦兒往嘴裡塞，要享受……細細地嚼……因為這麵包就要變成你身體的一部分，別錯過這個機會。麵包是潛在的身體，因此要悅納它，歡迎它。這樣不用幾個月，你的身體將變得完全不同。

如果你以一種不同的心理、不同的態度來飲食，而且經常保持敏銳、善感，不久後你會發現，從前的身體有很多部分都是死的。此後你變得生氣蓬勃，從前的你好像一頭睡獅，現在牠醒過來了……伸展牠的四肢，舒展牠的身軀，那樣的悸動同樣會出現在你的生命中，有如死而復生一般。

## 漂亮與否

頭腦一直在製造不必要的難題，可是頭腦就是這副德性——毫無道理地製造難題。難題一旦形成了，你就落入頭腦的陷阱，然後你就想要解決它們。別企圖解決，只要看到它們是不可理喻的，就只要看到那份無意義，僅止於此。如果你動身做些什麼，那就是認可了那個難題；只要領略到它是無意義的。

每一副容顏都是美的，每一副臉孔都有獨特的美。每一副容顏都是它自己，每一副臉孔都是獨一無二的。事實上並不存在「比較」這種東西，一點也不可能比較。如果你悅納它，你就會變得更美；透過接受，美就發生了。如果你否定、拒絕自己，你會變醜、變得殘缺不全，這會形成一種惡性循環。

你先是拒絕、不接受自己——因此你變醜了，然後別人也開始感受到那份醜陋，所以你就說：「沒錯，這就是事實，我的想法是對的。」因此你就更加拒絕自己，頭腦一直在用這種方式自我滿足。一旦你錯過了本然的狀態，所有頭腦的預言就必將實現，這本然的狀態就是：你就是你。

美的標準是不存在的，事實上，哲學家已經花了五千年努力在定義美，可是他們還是失敗了，因為判斷的標準並不存在。某人認為是美的，對另一個人來說可能不是，甚至一個最美麗的女人對某個人來說，反而是可怕的。美完全是一種個人的選擇。

所以判斷的標準是不存在的……就好像流行服飾的標準不斷在改變一樣，譬如說印度的女人如果沒有非常大的胸脯和屁股，沒有人會認為她是漂亮的；而在當今的西方，大屁股和大胸脯幾乎已經不是審美標準。至此，美已經出現了不一樣的概念。

不管是什麼樣的概念，身體都會滿足它。有些東西你必須了解：生長在認為大胸脯是美的國家的女人就會去豐胸。明天你可以到街上去看印度女人，看看她們的屁股——她們有著很大的臀部，因為印度長久以來就認為女人必須有大的臀部。如果你有讀過印度的小說、古老的傳說，裡頭描寫的始終是大臀部，但是沒有西方的小說會這麼描寫臀部，事實上，西方女人的臀部完全沒有被提到。平常人會認為小說、詩詞、文學反映了社會，但是反過來說也對，小說、詩詞、文學也創造了社會，一旦特定的概念進入人的腦袋中，影響就出現了。

美醜的判斷標準是不存在的，那全憑個人的喜好，其實是隨心所欲的。如果你不接納自己，那麼打從一開始，你就為自己創造了一種沒有人會接納你的情境，因為如果連你都不接受自己，那你也不會允許別人來接受你。

你會因此為身體創造出種種難題和障礙，因為它違反了你的概念。如果有人愛上你，你會毀了那份愛，因為你會說：「你怎麼能夠愛上這麼一個醜陋的巫婆呢？」或者你會認為這個男人的審美觀念非常可笑。如果你不愛自己，那麼也沒有人能夠愛你。

**所以頭一件事是：和自己戀愛，這是每個人的份內事。**

耶穌說：「敬愛神，愛你的鄰人如同愛自己。」那是基本的。如果你愛自己，那麼你也能夠愛你的鄰居，也能夠更愛你的神。但是基本的戒律是：愛你自己。

如果你愛自己，如果你能夠怡然自得，那你就可以吸引許多人。一個愛自己的女人必然是美麗的，她一定會變美；因為愛自己，所以她為自己創造了美麗，變得高貴、優雅。

內在美是唯一存在的美，其餘的美都是虛有其表的。你可以愚弄自己一時，可是其他形式的美遲早會出現，之後你就完全變醜了，因為你從不陶冶那真實的美。真實的美和你的臉孔毫無關係，而是與來自你內在的智慧光明有關；它與你眼睛的樣子無關，透過眼睛傳達出來的光明才是重點；它無關乎你的身體，而是透過身體的振動傳達出來的內在（inner presence）。真實的美源自你的核心，源自你本性最深的核心，然後才蔓延到身體。虛假的美只能是表面的，在你身上沒有任何根，沒有任何基礎。

切記：**為了真實的美，你必須去探索和找尋**。凡真實的皆是永恆的，它會一直持續下去，一旦你找到它，你就永遠找到了。凡轉瞬即逝的都是在蹉跎時光，那只不過是一場夢。你也可以被夢占據，可是當你醒來的時候，你會發現那完全是愚蠢的、可笑的。

## 女人的性冷感

終有一天妳要超越性，可是方法是透過性來超越，如果妳不好好進入它，那要超越就非常困難。無法享受性的人也許只是被灌輸了某些態度，也許是某些制約使然。

所有的人性都被腐化了，最嚴重的莫過於每個人都被教導說：享受自己罪惡的……好像快樂是某種錯誤；而當妳痛苦時就什麼事都沒有，可是只要妳快樂，那就是有問題的。快樂受到壓抑和箝制——可是除非妳迸發出快樂的火花，不然就錯過了整個生命。

那就是生命存在的目的，因此，妳要學習如何徹底地快樂……如何迸出快樂的火花。

性當然最能為妳帶來這個火花，它是瞥見三摩地、靜心和恩典最自然的方式之一；也有別種進入恩典的方式，可是都不是那麼合乎自然。性是最自然的方式，那是妳與生俱來的，是神的禮物。也許妳是宗教人士、也許不是，也許妳相信神的存在、也許不相信，也許妳是個共產主義者、也許是個無神論者，不論妳是誰……但就是有這麼一個自然的東西，它會給與妳某種超越的瞥見——超越身體、超越頭腦的瞥見。

所以妳要記住三件事，並試著去做。首先，當妳做愛的時候，要積極、主動。讓妳的男友扮演女人的角色，而妳反過來扮演男人的角色，讓做愛變成一場遊戲。比較主動的那一方是比較投入的，妳的能量比較投入在其中，因此很難中途停止。可是如果是被動的，那麼隨時都能中止，因為妳幾乎是置身事外的，就只像個旁觀者。如果不主動，瞥見就較容易發生；如果活躍，瞥見就不容易發生。

因此女人要更主動些，怎麼說呢？這只是為了讓妳體驗高潮的暫時作法，一旦妳體驗過高潮，就不用再這樣了，妳可以繼續扮演自身女人的角色。這是個暫時性的手段，所以讓妳的男友變成女人那一方，而妳則當起主動的男方。

其次是：在開始做愛之前，先一起跳舞、狂野地跳舞；高聲歌唱、舞動，也可以放音樂助興。在房裡燃香，讓這成為一場精雕細琢的慶典……幾乎像宗教儀式一樣。

人們做愛通常不按部就班，兩個人坐在一起，然後就開始做了，那是很魯莽的——對女人來說是很魯莽的。對男人來說則不很嚴重，因為男人擁有不同形式的能量，男人的性慾比較狹隘，女人的性慾則比較全面，她的身體必須完全投入其中。所以除非有前戲，否則女人是無法深入的。

因此要先跳舞、歌唱，讓能量沸騰起來，然後妳再成為主動的那一方。狂野起來！一點也不要拘束，要狂野。即使做愛時放聲亂叫也無妨，即使唱起歌來也不必擔心；如果妳想要胡言亂語，就胡言亂語——那會像咒語一樣有用。

第三件事是：每天從早到晚不斷觀察——是否在生活中別的地方，妳也壓抑著自己的喜悅？這些也要一起跟著改變。當妳吃的時候，要滿心喜悅地吃，因為所有的事物都是相互關連的。當妳跳舞的時候，喜悅也必須在那裡；靜心的時候也要喜悅；與別人説話的時候也要喜悅，洋溢、流暢；走路的時候也要喜悅。我們不曉得錯過了多少——只是走在路上就可以有無比的享受，天曉得？或許不會再有這樣的日子，或許不能再這麼散步，也不能再享受同樣的陽光。景物依舊，但人事可能已非，因為誰知道明天會如何？也許今天就是此生的盡頭。

所以始終要記住：**享受每一個片刻，彷彿已經是人生的盡頭，完全容受這個片刻，全然地擁抱它**，不要有任何遺憾。這樣妳就可以熱烈地、激昂地活著，那麼性就只是妳全然態度的一個副產品，因此妳無法光改變性——不可能的，一切事物都是密切相關的，所以必須改變一切。

喜悅地吃！別只因為妳不得不吃，所以才將食物塞進肚子裡，要享受！那是一場聖典。享受妳的走路，那是神的禮物，因此妳必須心懷感激；與別人説話時也要享受。

所以從現在開始也要享受那些與性無關的事情，怎麼說呢？因為如果妳能享受別的事情，那麼到頭來妳也會享受性。如果妳無法享受別的事情，那妳也無法享受性。

這是我的觀察：對性的態度是一種非常象徵性的態度，它顯示了妳生命的一切。妳會因此無法享受別的事物，或只能一定程度的享受，不敢逾越。一個害怕快樂、喜悅的人總是害怕著許多事，他會在越過限度之前停下來。

就是這三件事，三個星期後再來談談妳的狀況。讓自己狂野地生活三個星期，忘掉所有的人性——成為動物、純粹的動物，這樣妳才能夠輕易地蛻變成一個人，可是為了成為動物，妳必須深入這些事。

除非妳是個真實的動物，否則不可能成為真實的人類；除非妳是真實的人類，否則不可能成為一個神性的存在。

萬事萬物都有層級之分：**動物是廟宇的地基，人性是廟宇的牆壁，而神性則是廟宇的屋頂。**沒了地基，屋頂無法存在，妳可以空有屋頂，可是沒了牆壁，屋頂是無法存在的。人是一幢三層的建築：第一層是動物，第二層是人性，第三層是神性。所以妳要從第一層開始，從最初的那個起點——奠定好妳的礎石。

## 男人的陽痿

西方世界對於事情的態度一直是做出來的，總是要去做些什麼！可是有些事情是無法做出來的，西方世界在這方面已經太過瘋狂了。

譬如說，睡眠和性就是你無法去做的事情，因此西方才會深受睡眠不足、失眠之苦；還有為性所困擾，不管是達到高潮與否，還是太狹隘、不夠熱烈、不夠全然，每個人都擔心自己沒有經歷到它應有的樣子。西方人常睡不好，因為有太多夢想經常使你無法入睡，所以必須苦苦等候睡眠的來臨。這些人試盡了一切的方法：鎮定劑、技巧、咒語和超覺靜坐。

同樣的，人們也過度擔心著性，難題就出在那種想做些什麼的擔心和努力。性是一種發生，而不是一件你必須去做的事，所以你有必要學學東方對性的態度：譚崔（Tantra）的態度。譚崔的態度就是充滿愛地對待一個人，不必計劃，也不必在頭腦裡演練；不必特地做什麼：只要充滿愛、讓愛成為可能。

不斷的與對方的能量嬉戲，當你做愛時，不必使之成為一件了不得的事，不然你和對方都會裝模作樣，你和他都會佯裝成偉大的情聖……可是事後雙方都沒有獲得滿足！所以一點也不必虛情假意。

做愛是一種非常寧靜的祈禱，它是一種靜心，是神聖、神聖中的神聖。所以當你和一個女人做愛的時候，要慢慢來……細細地品嘗，品嘗做愛的每一個味道，要非常的緩慢；不要急，也沒有必要急，時間多得很。

在做愛的時候，忘掉高潮這回事，你反而要和這個女人處在一種放鬆的狀態，放鬆地進入彼此。西方的頭腦不斷在想高潮何時會來，要如何才能讓它快一點出現、讓它更強烈……諸如此類的念頭讓身體的能量無法運作，不允許身體自己做主，因為頭腦不斷在干擾它……

放鬆地和對方在一起，如果沒有什麼發生，也沒有必要怎麼樣；如果沒有什麼發生，那也是事情的發生……也是很美的！高潮不是每天都必須發生的，性應該只是處在一起，相互融入彼此。這麼一來，你就可以做愛半個小時、一個小時，只是放鬆地進入對方。你會處在一種沒有頭腦的境界，因為頭腦是不需要的，愛是唯一不需要頭腦的一件事。西方世界的錯誤就出在：甚至把頭腦也帶進性裡頭來了！

所以只要放鬆地進入彼此，把頭腦忘掉，只要享受對方的存在，交會、消失在裡頭。別企圖獲得成果，什麼也不必做。如此一來，一種谷底的性高潮終會發生，那不是高峰的狀態，那裡只有放鬆，可是它的深度卻帶有一種獨特的巔峰狀態，然後身體有一天會自行激發出高峰的性高潮，而且谷底的性高潮也會出現；你只要在那裡。

有時谷底會出現，有時高峰會出現……那就是節奏，你不可能每天都處在高峰。如果每天都處在高峰，那麼它一定不會很強烈；你必須藉著潛入谷底來獲得高峰經驗。因此，高峰與谷底是平分秋色的，有時候會出現谷底的性高潮，那就消失在那幽暗、平靜與祥和的谷底中。你會因此得到高峰的高潮，一旦能量準備好了，不勞你動手，高峰就自行達成。高峰怎麼可能憑你就辦到呢？你不可能有這種能耐，而是因為谷底能夠累積能量，高峰源於深谷，你會因此產生極大的高潮，你的整個存在將瀰漫著一種喜悅。

高峰時有喜悅，深谷時有平靜，兩者都是美的。到最後，平靜會比高峰來得更有價值，因為狂喜是短暫的：你不可能持續地處在高峰，高峰意謂著狹隘，就好像金字塔一般，你不可能一直站在那裡，只可能一下子；但是谷底就有可能。兩者都很好，都要享受，它們都深具意涵、能給你收穫，可以幫助你成長。

最終而言，譚崔認為谷底的性高潮遠較高峰的高潮來得優越。高峰的性高潮是不成熟的，谷底的性高潮則非常成熟。高峰的性高潮令人興奮，那是狂熱、激情的，是振奮人心的，可是會令你疲倦。

谷底的性高潮不僅不令人興奮，而且是寧靜的，那更有價值，更能夠轉化你。這種寧靜能夠一直伴隨著你；一旦到過深谷，深谷將尾隨你。高峰會消失，你會隨之精疲力竭而睡著，然而谷底將持續在那裡，白晝時也能影響你，你會收放自如、更加沈穩。

兩種都好，可是你不可能去做它們，你只能允許它們發生。因此，愛就是一種放鬆，在其中，事情的發生是被允許的。

## 緊張與放鬆

從周圍的部分開始放鬆，我們身在這裡，因此只能從此著手。將你周圍的部分放鬆下來——你的身體、你的舉止、你的行為。以一種自在的方式走路，以一種自在的方式飲食，以一種自在的方式談話、聆聽，放慢每一個過程，別匆匆忙忙、別慌慌張張。以一種彷佛一切永恆的都在對你敞開的方式行動，事實上也是如此。一開始我們就在這裡，到最後我們也將在這裡，**如果有開始就會有結束，但其實沒有開始也沒有結束**。我們始終在這裡，未來也會一直在這裡。形式不斷在改變，可是本質卻不是；衣服一件一件在更換，可是靈魂並沒有改變。

緊張意謂著慌張、恐懼、懷疑，意謂著一種不斷防衛，想要獲得保障、確保安全的努力。緊張意謂著現在就在對明天、或對來世做準備——害怕明天就不能再應付現實，所以現在就要開始準備。緊張意謂著從前不曾真的活過，你只是在迴避，所以事情還懸而未決，還縈繞著你。

記住一件關於生命非常基礎的事情：任何沒有經歷過的都會縈繞著你不去，它們會說：「把我完成吧！經歷我吧！把我結束！」每一種經驗都具備要被完成、被實現的內在特質。一旦一種經驗被完成，它就消失了；一旦尚未完成，它就會持續折磨你、困擾你，引你注意。它會說：「你想怎麼辦？我還沒完結——請完成我吧！」

徘徊在你四周的過去，全都是你尚未完成的部分——因為你沒有真正的經歷過它們，你迴避了一切，馬馬虎虎、隨隨便便、不冷不熱地應付過去，沒有任何強度、熱情。你好像在夢遊，是一個夢遊症患者。因此過去困擾著你，同時未來也令你恐懼，過去和未來一起摧毀了唯一的實相——你的這個當下。

你必須從周圍的部分開始放鬆，首先要放鬆的是身體。切記，盡可能往身體裡頭看，看看哪裡感到緊張——脖子、頭還是腿？讓自己有意識地鬆開它，說服那個部位，帶著愛心向它說：「放鬆下來！」

你會大感詫異的，如果你接近身體，不管是哪個部位，它都會傾聽你、遵循你，因為它是你的身體！閉上雙眼、進入身體，從頭到腳找找看哪裡有緊張，然後和它說話，彷彿和朋友說話一樣，讓你們之間有對話，告訴它放鬆下來，對它說：「沒什麼好害怕的，別慌，讓我來應付就好了——你好好放鬆吧！」你會慢慢地學到那個訣竅，然後身體就會放鬆下來。

然後再進到下一個較深入的步驟，告訴頭腦也放鬆下來。如果身體會傾聽，那麼頭腦也會傾聽的，可是你無法從頭腦先下手——你必須從起點開始，無法從中間開始。很多人從頭腦先下手，可是失敗了，他們的失敗是因為起點不對，因為事情應該按部就班才可能成功。

如果你的身體能夠自行放鬆，那麼你也能夠使頭腦自行放鬆下來。頭腦是一個比較複雜的現象，一旦你確信身體會聽你的話，那麼你對自己就有一種新的信任，所以現在連頭腦都能聽你的。對頭腦而言，這需要更多的時間，但那是可能的。

當頭腦放鬆後，接著放鬆自己的心，這是你的感覺、情緒的世界——它們又更複雜、更細微。可是現在你會帶著信任、對自己極大的信任來面對它，因為現在你知道那是可能的，如果放鬆對身體和頭腦是可能的，那麼對心也是可能的。唯有越過這三個階段之後，你才可能領悟「第四的」（the fourth），現在你可以去到自己本性的核心處，那裡超越身體、頭腦、心，是你存在的核心，而你也能夠放鬆它。

**放鬆必然會為你帶來至喜、狂喜與無上的接受。**你將充滿喜樂和愉悅，你的生命會具備舞向放鬆的品質。

除了人以外，整個存在都跳著舞。整體存在皆放鬆地悠遊著，當然，它們在行動，但卻是完全地放鬆自在。草木生長、鳥兒啁啾、小溪潺潺、星光閃耀，除了人以外，一切都是那麼放鬆，不慌張、不匆忙、不擔心、不虛擲生命。人已然成了自己頭腦的受害者。

人可以高於神之上，也可以低於動物之下；人具有非常寬廣的可能性，從最低到最高，人就是個梯子。

從身體開始，然後慢慢地深入。除非基本的已經解決了，否則不要著手其他的。如果你的身體是緊張的，那就別從頭腦下手，等一等，先從身體下工夫。以下幾點對你會很有幫助。

你走路有一定的步伐，那是你不自覺的習慣，現在試著慢慢走。佛陀曾對他的門徒說：「慢慢地走，很有意識地跨出每一步。」如果你每一個步伐都很有意識，你一定會慢慢地走；如果你匆匆忙忙地跑，你就會忘了意識。因此佛陀走路是很緩慢的。

所以，試著很慢、很慢地走路，你會大吃一驚——你的身體上出現了一種全新的覺知品質。慢慢吃，你會驚訝，竟然出現了莫大的放鬆。慢慢地做任何事情……只要改變舊模式，只要走出舊模式。

身體必須先徹底放鬆下來，像個小嬰孩一樣，然後再從頭腦下手。科學一點，先從最簡單的開始，然後再複雜、更複雜，如此你才可能放鬆在最終極的核心之中。

放鬆是最複雜的現象之一，很豐富、擁有眾多面向——放開來、信任、臣服、愛、接受、隨順、與存在合一、無我、狂喜，這些都是放鬆的一部分，如果你學習放鬆之道，這一切都會發生。

那些所謂的宗教使你們變得緊張異常，在你裡頭創造出罪惡感。我要助你除去一切的罪惡感和恐懼，我想告訴你：**沒有天堂、也沒有地獄，因此別害怕地獄、也別貪求天堂**。這個片刻就是一切的存在，你可以使此刻成為地獄或天堂——當然可以，因為天堂和地獄並不在別的地方；當你十足緊張之時就是地獄，當你完全放鬆之時就是天堂，全然的放鬆就是極樂世界。

## 被打亂的睡眠模式

使你的睡眠變得規律，如果你每晚十一點就寢，那就準時上床就睡。最首要的就是規律的作息，這樣身體不久就能夠進入一種節奏。不要改變作息時間，否則你會使身體產生混淆，然後身體就錯亂了——有時早睡，有時又晚睡，因此它失去了韻律依循，所以你必須再次創造出這種韻律。身體本來有一種生物性的韻律，但現在卻失去了；所以，如果你決定十一點就寢，那就將它固定下來，不論如何，你都要十一點上床；也可以是十二點，時間依你而定，反正就是要有規律，這是一點。

在上床之前，活躍地跳半個小時的舞，讓身體丟掉所有的緊張，因為如果你帶著那些緊張上床，會使你睡不著。所以若想十一點入睡，那就在十點的時候開始跳舞，跳到十點半，然後再淋個熱水浴或泡個熱水澡，好好放鬆十五分鐘，讓整個身體放鬆下來。先跳舞，丟掉所有的緊張，然後再洗個熱水澡。泡澡遠比淋浴來得好，這樣你可以躺下來半個小時、十五分鐘、二十分鐘，好好地放鬆。然後吃點東西，熱的比較好，不要冷的；熱牛奶不錯，然後再睡覺去，不要再閱讀東西——絕對不要。

讓此成為你的功課，一個小時的功課：跳舞、洗澡、吃點東西——熱牛奶最好，然後再上床睡覺，關燈就寢。不管有沒有睡著都不必擔心，如果沒有，那就靜靜地躺著，看著自己的呼吸；不要呼吸得太大力，那會使你睡不著。讓呼吸保持它本來的樣子，靜靜地，只是看著它：吸進來、呼出去、吸進來、呼出去……這樣單調的過程，很快就能讓你熟睡。任何單調的都會有幫助，而呼吸是徹底單調的——沒有變化，只是呼、吸、呼、吸，你甚至也可以默唸「進」、「出」、「進」、「出」，單單重複著「進」、「出」、「進」、「出」。

如果還是睡不著，那也別起床，別到冰箱去找吃的，或是閱讀東西、做事情，不管怎麼樣，都讓自己躺在床上，放鬆；即使沒睡著，這樣的放鬆也像睡著一樣有用，只稍微遜一點而已。如果睡著能產生十成的休息，那放鬆地躺在床上也能達到九成。反正就是別走開，否則你會打亂那個節奏。只要這樣做，幾天之內你就能睡著了；同樣的，早上也要準時起床。

將這些固定下來，好讓你的身體進入一種模式。身體已經有些走偏了，所以讓自己早上六點或七點起床——看你想要幾點起床，然後就將它固定下來，把鬧鐘準備好，就算你整晚都沒睡著，那也無妨；當鬧鐘一響，你就要起床。

不要在白天上床睡覺，因為這會把節奏弄亂。這就是為什麼有時候你一天睡一個小時，有時候卻睡十二個小時，這樣你的身體怎麼可能有節奏地運作呢？不要在大白天睡覺，打消這個念頭，等到晚上再說。晚上十一點再上床睡覺，讓身體自己想睡。從十一點到六點……七個小時就夠了。

如果白天的時候想睡，那就去散散步、閱讀、唱歌、聽音樂，但就是不要睡覺，要抵抗那個誘惑。整個要點就是把身體帶回一種有節奏的循環。

## 失眠

有人問：「我總是睡不好，半夜三、四點的時候就會醒來。」

你總是三、四點就醒來嗎？那就利用這段時間靜心。**始終要把握機會來做具建設性的事，使任何事情變得有創造性。**如果你睡不著，那麼也不必勉強，睡眠是勉強不來的，睡眠是一種無法欲求的能量，如果強求的話，你反而會被困擾。如果為了睡著而做些什麼，那麼你的作為將成為阻礙，因為睡眠與作為相反，它是一種無為。因此如果有任何努力，譬如說數羊或是覆誦咒語，或者是開始禱告、祈禱，一切諸如此類的事都會讓你更清醒。那對你毫無幫助，可是人們還是樂此不疲。

我的方式完全不同。首先，如果睡不著了，那就表示你的身體已經徹底休息完畢；而且，每個人要睡多久各有不同。

「……但是，我感到精疲力竭。」

那是頭腦在作怪，是那個「沒有睡好」的念頭在使你精疲力竭，完全不是身體的錯。這不是真的睡眠不足，因為身體這個機制、這個有機體自有它的智慧。譬如說吃東西，當身體在說「夠了！」的時候，你卻說：「因為我太瘦、太苗條了，所以必須多吃一點。」這是錯誤的，這是在找自己的麻煩。你可以強迫自己多吃一點，把食物硬塞進肚子裡，但身體這個有機體並不準備這麼做，它會拒絕。

有時候你沒有一點食慾，可是頭腦會說如果你不吃就會虛弱下去。沒有人會因為一天不吃東西就虛弱下去。如果身體不想吃，那最好聽它的，它比你更清楚它要什麼。身體有一種與生俱來的智識，知道此時吃東西是危險的，或許腸胃正準備要做些什麼，也或許有某些毒素入侵，所以身體要在任何食物進來之前先清理腸胃。但是你已經吃了太多食物，身體無法消化，已經無法再運作下去了，不然它會錯亂，因為它已不勝負荷了。

所以當身體說：「不要吃了，我沒有食慾。」沒有食慾就是身體的語言，是顯示給你的一個信號。身體無法說話，它無法說：「停！」所以沒有食慾是一種象徵，身體的象徵。身體說：「別再吃了！」可是你卻有特定的想法，你覺得自己一天起碼要吃兩、三次東西，不然就會虛弱下去，所以你不斷把食物往裡頭塞，身體沒有食慾，可是你卻假裝有食慾。你加重食物的口味，佯裝有食慾，或是去找你喜歡吃的食物。你企圖欺騙身體，但這是愚蠢的！同樣的，睡眠也如出一轍。

如果你覺得睡三、四個小時就睡不著了，那就是說身體已經休息完畢，身體已經睡夠了，可是你的頭腦卻在找麻煩。所以就靜靜地躺一個小時，享受寧靜的夜！不必為了睡不著而心煩，要享受這個靜心的時刻。不必起床，只要躺在床上休息，聆聽夜的聲音，聆聽夜的寧靜。有車聲，可是卻沒有半個人在那兒，每個人都睡著了，這多美！你獨自一人，好像在山上一樣，你與黑夜同在，還有黑夜令人沉靜的品質。享受、自在地融入那個境界。

你了解這個要點嗎？不然你會痛苦的，只要你的睡眠再次中斷，只要明天你再次疲憊、擔心，那又再次導致另一次的緊張、痛苦和焦慮，這些都無法讓你睡好覺。

要用積極的眼光來運用這段時間，與夜晚、夜的聲音和諧共處，享受它！那是很美妙的。這麼一來，你將不知不覺再次睡著……可是這是無心的結果，睡著只可能是無心的結果。當你完全融入夜晚的聲音，你會慢慢地、不經意地睡著——不必透過任何的意志，那不是你所要求得到的。

我不是說你必須靜心才能夠入睡，不是的，「才能夠」、「所以」是不存在的。我只是說去享受！接著你會突然發現自己睡著了，可是不管有沒有睡著，那不是重點。如果有，那很好；如果沒有，那也非常好，你只要這樣做上兩、三個星期，所有的疲憊都會消失。頭腦是始作俑者，從一早你就認為自己是疲憊的，所以當然就愈來愈疲憊。你會害怕一切，害怕一切的牽連；你已經很疲憊了，所以如果再這麼做，你會更疲憊。這一切為你自己製造了精神官能症。

每個人對睡眠和食物的需要是不同的。有的人要睡八個小時，有的人需要十個小時，有的人只需要六個小時，甚至有的人只需四個小時、三個小時或兩個小時……

我父親凌晨三點以後就睡不著了，他大約十一點的時候就寢，因此總共只睡三、四個小時。我母親一直對此擔心，可是我告訴父親說坐著靜心，所以他就從三點開始靜坐。這為他打開了神性之門，從三點靜坐到七點，已經好多年了……而且幾乎成了一座雕像，他忘了身體的存在。

這已成了他生命裡最寶貴的經驗，這是任何的睡眠所辦不到的。凌晨三點的他是清新的，他的機制、他的身體就是如此在運作。一開始他也曾試著要睡著，可是沒有睡意卻勉強去睡，搞得他疲憊不堪、痛苦又挫折；然後早上他又會再挫折一次。每天三、四個小時的奮鬥還是睡不著，你能不挫折嗎？可是我教他靜心，於是所有的挫折都消失了，那段時間還成了他最寶貴的片刻。現在他倒渴望著、無時無刻惦記著，因為那是最寧靜的時刻。他這麼做是對的。

那些能夠感受到身體奧妙的人，
才是真正幸運的人，
開始去感受你身體所擁有的這份奧妙。

## 讓感官活躍起來

更深入自己的身體，讓自己的感官更鮮活。更有愛心地欣賞，更有愛心地品嚐，更有愛心地碰觸，更有愛心地嗅聞，讓你的感官動起來，你將赫然發現，以往有太多的能量都跑到頭部去了，而現在，能量已經能夠適當地分配給身體。

頭是非常獨裁的，它壟斷一切，不斷從各處攫取能量，抹煞了感官的知覺。頭幾乎占用了八成的能量，只剩兩成留給身體。這樣身體當然會受苦，而身體受苦的時候，你也會受苦，因為唯有當你是以一個整體、以一個有機統一體在運轉時，你才能夠幸福快樂，而且你身體的每一個部位、你的本性也將得到適切的能量，不多也不少，如此你才能有節奏地運轉，和諧一致。

和諧、幸福、健康——這些全都是同一個現象的組成，那個現象就是完整。如果你是完整的，你就是幸福的、健康的、和諧的。

頭腦一直在製造煩惱，人們因此失去了許多，人已經無法聞嗅事物，已經失去了嗅覺。他們的味覺不見了，也只能聽見某些事物，他們失去了聽覺；人也不知道要如何真實地碰觸，他們的皮膚已經死了，失去了柔軟性和接受性。因此，頭腦就像希特勒一樣猖狂，殲滅了整個身體。頭腦的勢力愈來愈大，可是它是非常荒謬的。人幾乎像一幅滑稽的畫像一樣——瘦弱的身軀上面懸著一個巨大的頭。

所以，把自己帶回感官去，做任何和手有關的，和土地、草木、石頭、身體、人有關的事，做任何不必有太多思考、不必訴諸理智的事，享受它們，那麼你的頭腦將慢慢卸下重擔，這對頭也是一件好事，因為過度沉重的頭是無法思考的——雖然它在思考。一個負擔沉重的頭，怎麼有能力思考呢？思考需要你的清澈明晰，思考需要一個沒有緊張的頭腦。

這看似很矛盾，但是思考確實需要一個沒有思慮的頭腦。如此，思考就變得輕而易舉、直截了當、簡潔有力，不管什麼問題擺在面前，你都能不假思索地去解決。這樣的你是充滿了直覺，思考不再是種折磨，而是洞見。

當頭腦被太多的思想所拖累的時候，你會漫無目的地過度思慮，哪裡也到不了，毫無成果，只是在繞圈子、繞來繞去，製造了許多噪音，但卻一事無成。

因此將能量均分給所有感官並非在反對腦袋，而是一種支持。因為當頭腦恰如其分、獲得均衡時，它會運作得更好，否則它會堵塞，因為頭腦是個龐大的交通路況，無時無刻不處在交通尖峰時段。

善感（sensuousness）意謂著你是敞開的，你的門扉是開放的，準備與存在一同悸動。如果鳥兒唱起歌來，善感的人會立刻感到自己本性核心處也有歌聲在迴響，不善感的人則是一點也聽不到，或者只是聽到某處傳來一陣噪音，不會深入他的心。

布穀鳥開始呼喚——善感的人會感覺那彷佛不是遠方芒果樹上的布穀鳥在呼喚，而是自己靈魂深處的呼喚，那會成了他自己的呼喚，成了對神性的渴望，對他自己所鍾愛的渴望，在這一剎那，觀察者與被觀察的合而為一；見到一朵美麗的花兒在綻放，善感的人也隨之綻放，成了一朵花。

善感的人是柔和的、流動的、流暢的，他會變成所遭遇的每一個體驗。

見到夕陽他就成為夕陽；見到黑夜他就成為黑夜，成為靜謐的黑暗、烏黑一片；到了早晨，他又成了一片光明。

生命是什麼，他就是什麼，他從每一個角落、從每一個訪客那裡品嘗生命，因此他是富裕的——這才是真正的富裕。聆聽音樂時他就是音樂，聽到水聲潺潺，他就成了那陣聲響；當風兒吹過竹林，發出劈劈啪啪的聲響時……他並沒有置身事外，他在裡頭，是其中的一份子——他就是竹子。

曾經有一位禪師對他企圖描繪竹子的門徒說：「先成為竹子。」那位門徒是個登峰造極的畫家，已經經歷過所有藝術的考驗，功績卓越，名聞遐爾。而他的師父卻說：「去森林裡和竹子過幾年生活，當你成了竹子的那一天，你再回來畫，之前不要畫。」

如果你不曉得竹子內在的感覺為何，你怎麼可能去畫它們？你只能畫它的外表，可是照片也不過爾爾。

照片和畫是有差別的，照片絕不可能成為一幅畫。不管你再怎麼精巧純熟，照片依舊只是竹子外在的映象罷了，沒有一具相機能夠潛入靈魂深處。

當第一具相機問世時，普世的畫家都極度害怕，他們以為繪畫可能會失去舊有的美和地位，因為照片日新月異，很快就會滿足繪畫的條件。那樣的恐懼是完全沒有基礎的。事實上，雖然在相機問世之後，照片得到莫大的發展，可是繪畫也學得了新的面向、新的眼界、新的看法，繪畫已經更豐富了，它勢必會如此的。在相機發明之前，畫家的任務有如相機一般。

……那位禪師說：「到森林去。」於是他去了，在森林裡待了三年，與竹子共同度過種種不同的氣候。下雨時竹子有一種喜悅，起風時又是另一種不同的心情，還有陽光普照的時候……當然，任何事物都會改變竹子的存在狀態。當布穀鳥佇足於竹林中開始呼喚，竹子則靜靜地回應牠。那位門徒必須在那裡待上三年。

終於發生了，這一天終於來臨：坐在竹子旁的他忘了自己是誰。風吹過來，他開始隨風擺動——像根竹子一樣！後來他才想起：有好一陣子自己並不是自己，他曾進入竹子的靈魂。後來他就動筆畫下竹子。

那些竹子當然擁有一種照片絕不可能有的品質。照片可能很美，但卻是死的；那些畫則是活的，展露了竹子的靈魂：竹子所有的心情、所有的多樣性，所有的面貌——有悲傷、有喜悅、有憤怒、有狂喜，以及一切竹子所知道的，竹子一生的自傳就在那裡。

**變得善感就是向生命的奧祕敞開。**要愈來愈善感，把責難全部丟掉，讓身體變成一道純淨的門。

## 僵硬的下半身

下半身對許多人而言是一個難題——是絕大多數人的難題。下半身幾乎已經死了，因為性已經被壓抑了千百年之久。人們害怕移動性中心以下的部位，而性中心以上的部位則煩躁不安。事實上，許多人只是活在頭部，勇敢一點的人則是活在中間的軀幹上。

人們頂多去到肚臍，從不曾逾越，因此身體幾乎有一半是呆滯、癱瘓的，生命也因此癱瘓了一半。這麼一來，許多事都變得不可能，因為下半身就好像地基一樣，它們是根，腳是你的根，將你與大地連結。所以人就好像懸在空中的鬼魂，與大地沒有連結。

老子曾對他的門徒說：「除非你從腳根開始呼吸，否則就不是我的門徒。」從腳根開始呼吸……他說得完全正確，你愈深入，你的呼吸就會愈深。你本性的疆界幾乎就是你呼吸的疆界，當呼吸的疆界擴展到你的腳，不是肉體上的、而是心理上的，當呼吸幾乎到達你的腳時，你才能夠聲稱整個身體是存在的，你首度是完整的、整合的、一體的。

持續去感受你的腳，有時候光著腳站在大地上，感覺那份清涼、柔軟、溫和；大地隨時準備給與，只要感受，讓它流過你，同時也允許你的能量流進大地，與大地相互連結。

倘若你與大地連結，你就與生命有了連結；倘若你與大地連結，你就與自己的身體有了連結。倘若你與大地連結，你會變得非常敏銳、非常歸於中心——這就是你所需要的。如果你已經感覺到你的腳，你就有能力行動，要愈來愈深入它。

## 與壓力有關的疾病

每個人都有必要了解自己身體的功能，如果你企圖做出逾越身體能耐的事，那麼生病是遲早的事。

你可以違抗身體到某種程度，但不可能一直持續下去；或許你已經過度操勞，可是對其他人而言可能不會，但那不是重點，重點是你的身體已經撐不住了，它必須休息。而且不管你是工作兩、三個星期，然後再休息兩、三個星期，還是六個星期中每天都在工作，可是工作量減半，結果都是一樣的……這是很簡單的算術。

不斷的過度工作、操勞、耗損，然後帶著糟透了的心情上床，這也很危險，因為那會毀掉身體許多纖細的部分。降低你的速度，慢慢來，用一切派得上用場的方法來嘗試。譬如說，停止你既有的走路方式，緩緩地走、緩緩地呼吸、慢慢地講話、慢慢地吃東西；如果平常需要二十分鐘來完成一件事，現在用四十分鐘來做。慢慢地洗澡，如果平常要花十分鐘，現在就用二十分鐘來完成。你所有的活動強度都應該減半。

不只是你專業上的工作，你的整個生活、任何時刻的活動速度都該降到最低、減半，那必然是生活模式與風格的徹底改變。緩緩地講話……甚至緩緩地閱讀，因為不管做什麼，頭腦都傾向於一板一眼。

一個工作狂會快速閱讀、快速講話、快速吃東西，那是一種耽溺，不管他在做什麼，即使沒有這個必要，他的動作也會很快。即使是早晨的散步，他也是急急忙忙的；散步是一件沒有目的的事……不管你要走多遠，可是一個耽溺於速度的人始終動作很快。這就是他的自動化機制、機械化的行為，幾乎已經成了他的天性，所以要終結這種狀態。

從今天起，把所有的事情都減半，緩緩地站著、慢慢地走路，那也能給你非常深刻的覺察，因為當你緩緩地在做一件事的時候，譬如說，慢慢地移動你的手——你就會非常深刻的警覺到它；可是當你匆匆地移動的時候，你會是機械化地動作。

如果你想要慢下來，那就必須有意識地慢下來，別無他法。

那不是一個能力上的問題，而是速度上的問題。每個人都有他自己的速度，也應該以自己的速度來行事，這樣才合乎你的本性，那無關乎能力的高低。以這樣的速度，你可以將工作充分完成，而且我認為你將有能力完成更多；一旦你掌握了合適的節奏，你會有能力做更多。

這樣就不會亂成一團，而是運作得更流暢，如此就能夠完成更多東西。有的人動作慢，可是慢有它自己的品質，其實也是比較好的品質；有的人動作快，他以數量取勝，可以更大量地生產，但是不可能有很好的品質。一個動作慢的人有更完美的品質，他的能量全都移往品質的層次去了，或許在數量上不多，可是數量完全不是重點。

如果你可以將一些事情做得很美，幾近完美無瑕，那你會感到非常快樂和滿足；沒有必要去做很多事，甚至只是做一件事也可以給你全然的滿足，你的生命就這樣被實現了；你也可以做許多事，可是沒有一件事可以滿足你，只會令你作嘔、苦惱。那麼比較又有何意義？準則是不存在的。

有一些基礎必須了解。像人性這種東西是不存在的，因為有多少人就有多少種人性，所以根本沒有一定的標準。有的人是急性子，有的人是慢郎中，這兩者無法比較，因為他們是不同的，完全是獨樹一格的，沒有必要為此擔心，因為比較才有擔心。有的人可以做許多事，永遠不必上床睡覺，可是你要做事、也要睡覺，所以你就感到不悅，認為自己的能力不如人。

然而他又是何許人？你怎麼能夠拿自己和他比較呢？你就是你，他就是他。如果他被迫緩慢地行動，那麼他也會苦惱，這違背了他的天性。你們的行徑就是在違逆自己的天性——因此，你必須聽從自己的天性。

始終都要聽從你的身體。它只會輕聲細語，從不會咆哮，因為它不會；它只能在呢喃中傳遞訊息，如果你夠警覺，你就可以了解。身體遠比頭腦有智慧，頭腦是不成熟的，沒有頭腦，身體也這麼活了幾千年；頭腦是後來才有的，它還少不經事；所有基本的項目還是由身體所控制，只有那些沒有價值的才交由頭腦去處理——那就是思考，思考哲學、神、地獄、政治。

這些都是最基本的功能——呼吸、消化、血液循環，這些是由身體所控制的，只有那些奢侈的才留待頭腦去處理。

所以要聽身體的，永遠不要和別人比較。過去不曾有過像你這樣的人，未來也不會有，你完全是獨一無二的——不管在過去、現在還是未來。因此你不可能與任何人相比較，也不可能去模仿任何人。

## 吃得太多，性愛卻少得可以

當你不允許性能量好好地流動時，它會開始著迷於食物。食物和性是相對的兩極，彼此互相平衡。如果你有太多性行為的話，你會對食物失去興趣；如果你過度反對性愛，那麼食慾可能會變成你唯一的耽溺。所以你不可能直接從食物著手，如果這麼做，你會不斷為自己惹麻煩。你可以強迫自己節食幾天，可是到頭來問題還是會再浮現，而且還是回來反撲的。所以你應該從自己的性能量上下工夫。

理由是，孩提時代對食物和愛的初次體驗，有著非常密切的關連，因此才會有這樣的難題。小孩從母親的胸脯得到食物、也得到愛；當小孩得到愛的時候，他不會擔心有沒有奶可以吃，所以母親必須說服他。如果沒有得到愛，小孩是不會離開胸脯的，因為他會害怕未來，他必須盡可能地吃奶，因為他不能確定以後母親還在不在，如果得到愛，他就會安心，不會再擔憂。如果母親總是可以滿足小孩的需要，那小孩就能信任母親；可是如果母親對小孩沒有愛，那小孩將無法信任，如此一來，他就會竭盡所能地吸奶，需索無度。

所以得不到愛的小孩會將興趣轉移到食物上面，得到愛的小孩興趣不在食物，或者只有恰如其分的興趣，只有身體所需要的量而已。

停滯不動的愛的能量會使你對食物產生興趣，如果想要有所改變，那就必須更走入愛，你必須更有愛心。愛自己的身體——由此開始，享受自己的身體；身體是一種美妙的現象，是一份無比的恩賜。舞動、歡唱，去感受、撫觸自己的身體。

問題就出在：如果不愛自己的身體，你也不會允許別人來愛你的身體。事實上，那個愛你的人會是荒謬、可笑和愚蠢的，因為連你都不愛自己的身體了，那麼他會怎麼看待你？因為你自己都不當一回事了！除非開始體會自己身體的美妙，否則你無法接受別人的愛。他愛你的那個想法只顯示了他的愚蠢而已。

因此要愛自己的身體。如果有任何的機會愛、擁抱、撫觸自己，別錯過，你會感到訝異的：當你走入愛時，貪食的困擾就會自行消失。沐浴在愛裡是一種絕妙的經驗，但暴飲暴食則是一種非常痛苦的體驗，不是說食物不美，而是只有當食物的量是你能夠吸收的時候才是美的；當你暴飲暴食的時候，食物是令人作嘔的。

愛的美妙之處在於：**愛永不嫌多，沒有人能夠愛到最高點，沒有，愛沒有極限**。吃是接受，然而愛是給與，那是一種減輕負擔的現象。你愈是給與，你的能量就愈流暢，你因為愛而成了一條河流，不再是一灘死水。

這正是你們在做的：把自己的能量封閉成一灘死水。

打破這道藩籬！你只是以食物的問題來困擾自己，白白地錯過了唯有愛才能給與的美妙。

## 斷食與盛宴

如果你的斷食是自發的，不是因為法規、信條，不是因為遵循著某種哲學，也不是因為戒律，而是源於一種自然而然的感覺——那就是好的。此外也要記住，你的斷食是為了盛宴而服務的，這樣你才能再好好的吃東西。斷食是一種手段、絕對不是目的，而且自發性的斷食很少發生，偶爾才會遇到。如果你吃的時候能夠保持完全的覺知，那就享受食物，這樣便不會暴飲暴食。

我不反對味覺，因為我不反對感官；擁有敏銳的感官就是擁有睿智，擁有敏銳的感官就是擁有活力。你們所謂的宗教都在竭力麻痺你，愚化你，他們反對味覺的品嚐，他們希望完全鈍化你的舌頭，好讓你無法品嚐一切。但這不是個健全的狀態，因為只有在生病的時候，舌頭才是麻痺的。當你發燒的時候，你的舌頭會變遲鈍；當你健康的時候，你的舌頭是敏感的、新鮮的、靈活的，能量充沛地脈動著。我不僅不反對味覺，而且還贊成它；你要好好地吃、好好地品嚐，味覺是神聖的。

就如同味覺一樣，你必須去關注、欣賞美麗的事物，你必須聆聽、欣賞音樂，你必須去碰觸石頭、草木和人，感受它們的溫度、它們的質地，以及欣賞它們。讓你所有的感官全派上用場，發揮它們最大的效果，這樣你將真切地活過，你的生命將是熾熱的、不愚鈍，而且充滿了能量和生命力。我不贊成那些教你要毀掉感官的人，他們背叛了身體。

切記，身體是你的廟宇，身體是一份神聖的禮物，它是那麼細膩、那麼美妙、那麼神奇——毀了它就是對不起神。是神給了你味覺，不是你，你一點功勞也沒有；神給了你雙眼，神使這個令人神迷的世界鮮豔多彩，所以祂才給了你雙眼，讓你的眼睛和這個多彩的世界深深地交會。神創造了一切，在這之中有著莫大的和諧，別破壞了這份和諧。

傾聽身體，身體不是你的敵人，當身體說了什麼，就照著做，因為身體有它自己的一套智慧，別干擾它，別又轉到頭腦上去。這就是為什麼我不教導任何斷食，我只教導覺察，帶著全然的覺知去吃，靜心地吃，這樣你就不會吃過太多、也不會吃太少，太多和太少都是不好的，它們是相對的極端。自然要你成為平衡的，處在一種均衡、不偏不倚的狀態，既不多也不少。別走極端，走極端就會變成神經病。

所以有兩種關於食物的神經病：那些不斷在吃，從不聽從身體的人——身體不斷哭訴著、嘶喊著「停止！」但還是繼續在吃的人，這些人有神經病。此外還有一種，身體一直在嘶喊著「我好餓！」可是卻在斷食的人。這兩者都是神經病，都是病態的，他們需要被診治，需要住院治療。

一個健全的人是平衡的，他始終不偏不倚，永遠不走極端，因為所有的極端都會創造出緊張、焦慮。當你吃太多，緊張就產生了，因為身體負擔太重；當你吃不夠，焦慮就產生了，因為身體感到飢餓。一個有宗教性的人知道該停在哪裡，而這應出自你的覺知，而不是某種教誨。

如果我說該吃多少，那會有危險，因為那只是一個平均值。有的人很瘦，有的人很胖，如果我說：「三塊印度薄餅剛好。」有的人會覺得太多，有的人會覺得沒什麼。因此我不教導死板的規則，我只給你一種覺知的見地。聽身體的，每個人各有不同的身體，所以有不同形態的能量、不同形式的需要。有的人是大學教授，他的身體並沒有使用太多的能量，因此不需要太多食物，而且種類與眾不同；有的人是勞工，需要更多的食物，種類也有所不同。所以死板的原則會產生危險，沒有放諸四海皆準的規則。

蕭伯納說世上只有一種無上原則，那就是沒有無上原則。切記，沒有無上原則——不可能有，因為每個個體都是那般獨一無二，沒有人可以為他開處方。

所以我只給你一種見地……就是不要從屬於主義、規則，我的作法是屬於覺察的，因為也許你今天需要多一點食物，可是明天或許不需要這麼多食物，**這不只是你和別人本性上的差異——你生命中的每一天也都存在著差異**。有時候你休息了一整天，或許此時就不需要很多食物。你只需要警覺一點，有傾聽身體在說什麼的能力，然後照身體的話去做。

身體既非主人、亦非僕人，身體是你的朋友——要善待身體。一個不斷暴飲暴食的人和一個不斷在節食的人都落入同樣的陷阱，他們都聾了，聽不見身體在說什麼。

然後你又說：「食物刺激精液的增加，而且為了口腹之慾而吃是罪過一樁。食物應該先奉獻給諸神才對。」

你對諸神不懷好意嗎？如果你供奉食物……有那麼多人拿食物供神，那不就是在刺激、增加祂們的精液！你敵視諸神嗎？這會使祂們淪落罪惡！要友善，讓諸神自己去處理。事實上，當你恭敬地、滿懷愛心、靜心地進食的時候，食物就已經供奉給神了，因為神就在你裡頭。只要心懷敬意，所有的食物都是供奉給內在的神。

帶著感情、心懷感激地吃，食物給了你生命，不斷賦予你活力，它會成為你的血液、骨頭，要心懷感激，少了它你就活不下去，要感謝它。如果你靜靜地、靜心地吃，同時頭腦沒有想東想西，而是全然在那裡，給與食物完全的關注，那就是供神。你將食物供神，因為你只不過是神的左右手，是祂的工具。你要上哪兒去供奉你的食物呢？神正透過你在吃，所以別把神餵得太飽，否則祂會胃痛；也別讓神吃不飽，否則祂會挨餓。

為了美味可口而吃是罪過，這種概念是胡扯的。如果是這樣，那你又何必吃？說用眼睛看是罪過，那你又何必看？說用耳朵聽是罪過，那你又何必聽？到頭來你會空無一物——那只有走上自殺一途，因為**整個生命都源於感官，你的所作所為都涉及感官**，透過感官，你湧現生命，**與生命連結**。當你吃得津津有味，內在的神就被滿足、被實現；當你吃得津津有味，食物裡頭的神就受到了尊重。

可是你們的聖人，你們所謂宗教上的大師一直在教導你們自虐。他們只不過是藉著宗教的名義在教導受虐狂：「折磨你自己，你愈是折磨，在神的眼中你就愈有價值。你愈不快樂，你就愈有德行。如果你快樂，你就是犯了罪刑；快樂就是罪過，不快樂就是美德。」這就是他們的邏輯。

我看不到這裡頭有什麼道理，那太荒謬、太不合邏輯、分明是愚蠢得可以。神是快樂的，所以如果要與神合一，那就要快樂起來。這是我要教的：神是快樂的，所以如果要與神合一，就要快樂起來，因為每當你快樂的時候，你就與神一致；每當你不快樂，你就與神不一致。一個痛苦的人是不可能有宗教性的。

因此如果你問我何謂罪惡，我會說罪惡只有一種：你要是痛苦，你就是罪人；你要是快樂、無比的快樂，你就是聖人。讓你的宗教成為一種教你如何歡唱、如何歡舞、如何喜悅的宗教，讓你的宗教成為一種肯定生命、贊同生命的宗教，成為一種快樂、喜悅、喜樂的宗教。摒棄那些長久以來扛在肩上的無稽之談，那完全癱瘓了人性，使人醜陋無比，使人非常不快樂、非常痛苦。那只是訴說了病態，好讓那些想要自我折磨的人有一個合理的藉口。

折磨自己或折磨他人都是病態的，光是那個折磨的想法就是病態的。有一個希特勒折磨著他人，有一個甘地折磨著自己，這兩者是同路人；或許他們背對背，可是卻站在同一艘船上。希特勒享受折磨他人，甘地享受折磨自己，這兩者都是暴力的，他們有著相同的邏輯——以折磨為樂。他們有著不同的方向，可是方向不是重點，因為他們的想法是一樣的：折磨。

你會敬仰一個自我折磨的人，是因為不了解其中的邏輯，全世界都譴責希特勒，而甘地卻被舉世推崇，這令我非常困惑，怎麼可能有這種事？而他們有相同的邏輯。

甘地說：「別為了食物的可口而吃，味覺的享受是不允許的。要帶著責任感去吃，不是因為喜悅，而是因為你必須活下去，所以才吃，你只能這麼做。」他將吃的喜悅貶為一項世俗的工作：「別將吃當成遊戲。」可是要記住，動物就是將吃當成一項工作，他們只會為了吃、為了生存、為了存活而吃。你曾看過動物享受著食物嗎？完全沒有，牠們不會有盛宴與舞會，也不會歌唱與歡舞，唯有人類才會舉行盛大的宴會。

甘地對其他事情的態度也是一樣的，他說：「只能為了繁衍後代而做愛，此外是絕對禁止的，讓愛只是生物學上的一回事。吃應該只是為了存活下去，而愛的目的應該是為了延續種族，絕對不要將做愛當成一樁樂事。」

動物就像甘地這個樣子。你看過狗做愛嗎？瞧瞧牠的臉，你不會看到任何的樂趣……那僅僅是個義務罷了。牠必須這麼做，因為內在有某種力量在驅使牠——生物性的力量。牠只是以自己的方式在交合，完全無視於對方的存在；完事後，甚至連聲謝謝都不說，工作就結束了！只有人會為了樂趣而做愛，這就是人類比動物高明之處；唯有人類會為了樂趣而做愛，只為了箇中的美妙，只為了箇中的樂音和詩意。

這就是為什麼我說避孕藥是世上最偉大的革命之一，因為它完全改變了愛的概念，現在你可以只為了樂趣而做愛，沒有必要受生物力的支配，沒有必要為了繁衍後代才做愛。現在性和愛已經完全分開了，避孕藥造就了這個偉大的革命：現在性是性、愛是愛。

當生物力存在的時候，那是性；當存在的只是兩個身體交會在一起的美妙音樂，相互消失、融入彼此，進入一種全新的韻律、和諧層次……那是一種高潮的體驗。你不再被懷孕所困擾，沒有生物力的糾纏，沒有，現在這個行動本身就是美妙的，不再是任何目的的手段——差別就在這裡。工作是別有目的的一種手段，遊戲是手段與目的合而為一，手段本身即目的——對它而言沒有其他目的的存在。

為了吃的喜悅而吃，那麼你就是人類、就是高等的存在；為了愛的喜悅而愛，那麼你就是高等的存在；為了聆聽的喜悅而聆聽，如此你就能免於本能的牽制。

我不僅不反對快樂，而且完全贊同它，我是個快樂主義者。這是我的領悟：普世所有深具靈性的人始終是快樂主義者，如果有人不是快樂主義者卻自封為靈性之人，那麼他就不是靈性之人，而且還是個精神病患。因為快樂正是目標、正是源頭，正是天地萬物的目的。

神透過你、透過千千萬萬的形體在探尋快樂，允許祂，那麼所有的快樂就可能發生，而且也要助祂邁向極致的快樂境界，這樣的你是具宗教性的。此外，你們的寺廟會成為慶祝的場所，你們的教堂也不會那麼悲傷、醜陋，那麼陰鬱、死氣沈沈，好像墓地一樣。這麼一來，你就會擁有歡笑、歌唱、歡舞、擁有極大的欣喜。

宗教的本質只不過是喜悅而已，因此，**凡是給你喜悅的就是美德，凡是使你悲傷、不快樂、痛苦的就是罪惡，讓此成為判斷的標準。**

我不給你固定的規則，因為我深知人類的頭腦是怎麼運作的。一旦定出固定的規則，你就會忘了覺察，然後開始遵循刻板的規則。問題不在於固定的規則——你可以循著它走，可是永遠不會成長。

聽聽看這些趣聞：

班尼回到家的時候發現廚房的杯盤破得一團亂。

「怎麼回事？」他問他老婆說。

「都是這本食譜搞得鬼，」他老婆解釋著：「上面說可以用舊的、沒有把手的杯子來當作量杯——所以我破壞了十一個杯子才搞到這樣的量杯。」

因為食譜上這麼說，所以就必須照著辦。人的頭腦是愚蠢的——切記，一旦有了固定的規則，你就會死守著它。

有一群流氓和老大在開會，老大說什麼，他們都會照著辦。這個時候門鈴響起，一個手下去應門，他從門縫往外一看，確認了來者，然後才將門鎖打開。

「把傘放在門邊。」手下對訪客說。

「我沒帶傘啊！」訪客回答說。

「那麼請回去拿一支來，老大跟我說每個人都要把傘放在門邊，不然我就不能讓你進來。」

規則就是一成不變的。

有一輛警車對銀行搶匪展開了致命的追捕，可是警車突然轉進一間加油站，警察在那裡打電話給他的長官。「逮到他們了嗎？」他的長官激動地問著。

「他們很幸運，」那警察回答說：「就在半英哩之前，我們發現警車又跑滿了五百英哩，所以我們必須停下車來換新機油。」

每五百英哩就要換新機油，而現在又滿了五百英哩，那你能怎麼辦？你必須先換機油。

我聽說……

麥克向派特說他要去守靈，派特提議要跟著他去。路上派特建議喝點小酒壯膽……

結果兩人喝得爛醉如泥，麥克記不得守靈的地址了。「你朋友家在哪裡？」派特問。

「我忘記門牌號碼了，可是我確定是這條街沒錯。」

他們又繼續走了幾分鐘，麥克瞇起眼望著一幢屋子，心想應該就是這一家了。可是他們很驚訝說屋子的大廳竟然黑漆漆的，他們推開大門，發現其中一間起居室也是黑漆漆的，除了鋼琴上那根昏暗的燭光之外，他們走到鋼琴前面跪下來禱告。派特望著琴鍵好一陣子，「麥克，」他說：「我不認識你的朋友，但他肯定有一口好牙齒。」

這就是人的處境，人就是這副德性。我只想給你一種覺察的體驗，那會徹底改變你的生命。問題不在於訓練你做什麼，問題是使你從內在綻放出智慧的光明。

## 排毒與斷食

當你斷食的時候，身體不用再進行消化的工作，這期間身體就可以用來進行排除死亡的細胞、排除毒素的工作。只要週六或週日一天，在假日待在家裡讓身體清理一整天，你已經忙了一個星期，無暇清理自己的房宅。當身體不需要再消化東西，當你不再吃任何東西的時候，身體會開始自我清理，會著手一種自發性的過程，會開始將那些不需要的全部出清，那些東西就好像一種負擔。斷食是一種淨化的方法，偶爾來一次斷食是美妙的——什麼事也不做、不吃東西，就只是休息，儘量喝大量的液體，只需休息，那麼身體就能夠獲得清理。

有時候若覺得需要久一點的斷食，你也可以斷食久一點——可是要對身體非常有愛心。如果你覺得斷食對你的身體有任何的傷害，那就中止；如果斷食有助你的身體，那麼你會覺得更有能量，會覺得更有活力，你會覺得回復青春、生氣蓬勃。這應該是判斷的標準：如果你感到愈來愈虛弱，如果你覺得身體開始微微地顫抖，那就要警覺——那已不再是一種清理作用了，斷食已經變得有破壞性，你必須就此打住。

你必須學習整套斷食的科學。事實上，你應該跟擁有長久的斷食經驗的人一起做，因為他很清楚整個路徑、知道所有的症狀：如果它已經轉變為破壞性時會有什麼狀況，如果不是又會有什麼狀況。

在一次真的有所淨化的斷食後，你會感到煥然一新，感到更年輕、潔淨、輕盈、愉快，身體也會運轉得更好，因為你已卸除重負。可是斷食只需要發生在有錯誤飲食習慣的人身上；如果你的飲食並無不妥，就沒有必要斷食；唯有當你錯誤地對待身體時才需要斷食——可是我們全都在亂吃亂喝。

人已經偏離了軌道，沒有一種動物會像人這樣飲食；每一種動物都會選擇牠自己的食物。如果你把一群水牛放到花園去，牠們只會吃某種特定的草，而不是毫無選擇地亂吃一通，也不是吃個不停——牠們是很挑剔的，牠們對自己的食物有一定的感覺。人則是完全走偏了，人對自己的食物沒有感覺，任何東西他都吃。

事實上，你找不到一種東西是人類不吃的，某些地方的人吃螞蟻，某些地方的人吃蛇肉，某些地方的人吃狗肉，無所不吃，人實在很瘋狂。他不曉得什麼東西能與身體產生共鳴，什麼不能產生共鳴，他完全是迷惘的。

人天生就應該是素食者，因為整個人體是為素食而造的，即使是科學家也得承認一個事實，就是人體的構造證明了人不應該是肉食者。人從猴子演化而來，猴子是吃素的，牠是徹頭徹尾的素食者；如果達爾文是對的，那麼人應該是素食者。

現在已經有方法可以判定某種動物是素食與肉食者：依據腸道的長度而定。肉食動物的腸道很短，老虎、獅子的腸道都很短，因為肉是已消化的食物，不需要長的腸道來消化，消化的工作已經由動物完成了。現在你所吃的肉是已經消化的食物，所以不需要長的腸道，而人是腸道最長的動物之一：這意謂著人是一種素食動物，所以長時間的消化過程才是他所需要的，而且會產生大量的排泄物。

如果人並非肉食者，可是他卻不斷在吃肉，那麼身體會變得沉重。東方所有偉大的靜心者──佛陀、馬哈維亞都強調過這個事實，不是因為任何非暴力的觀念，這還是其次的，而是因為：如果你真的想深入靜心，那麼你就需要一個輕盈、自然、流暢的身體，身體需要卸除重負，但肉食者的身體是非常沉重的。

當你吃肉的時候，注意看發生了什麼事：動物被殺的時候有什麼反應？

牠們正不情願地死去——這是理所當然的，因為沒有任何生靈想被殺害，凡生命者皆有求生意念。如果有人殺你，你將不情不願地死去。如果有隻猛獅撲向你、宰了你，那麼你的頭腦會有什麼反應？

這種反應同樣發生在殺生的時候：苦惱、恐懼、死亡、劇苦、焦慮、憤怒、暴力、悲痛——這些全都發生在那些動物身上，牠們的全身布滿了暴力、劇苦、苦惱，全身充滿了毒素、毒物，牠們體內的腺體會釋放出毒素，因為牠們死得不甘不願，而你吃的肉正攜帶著牠們釋放出來的所有毒素，充滿了有毒的能量，所以你的身體也承擔了那些毒素。

而且你所吃的肉源於某個動物的身體。動物的身體有特定的作用，其中存在著特定類型的意識，你的意識層次比動物來得高，可是當你吃肉的時候，你的身體卻下降到較低的層次、下降到動物的層次，於是你的意識和身體就有了裂縫，所以形成了緊張、焦慮。

你必須吃那些自然的東西，對你來說是自然的東西，水果、豆類、蔬菜——儘量吃這些東西。而且順乎自然的美妙之處在於，你無法吃得比你所需要的更多。**凡自然的都會帶給你滿足，因為它滿足你的身體，滋潤你，你會心滿意足。**那些不自然的永遠無法給你滿足的感覺。你可以繼續吃冰淇淋，可是你不會感到滿足；事實上，你吃得愈多，你就會想吃得更多。那不是食物，你的頭腦被耍了，現在你不是根據身體來吃，而只是為了那份味覺在吃，此時舌頭已經掌握了大權。

舌頭不應大權在握，因為它不曉得胃的一二，也不曉得身體的一二。舌頭需要完成某種特定的目的：品嚐食物，這是它唯一的份內事，所以舌頭理所當然要辨別何種食物適合、何種食物不適合自己的身體，但它只是看門的，不是主人；如果看門的成了主人，那將會一團糟。

## 貪食症

食物有兩種類型，有一種是你喜愛的食物，你對它有所迷戀與幻想。這沒有什麼不對，可是你依然要認識其中的小騙局。有的食物具有莫大的吸引力，這吸引力不是因為你了解那食物能帶來什麼助益。在飯店、餐廳裡，某些食物的色香味使你頓時興趣盎然，這時你已不去想那是什麼食物，但這不會有好處的，這不是你真正的欲望。你可以吃這樣的食物，可是那無法滿足你；你可以不斷地吃，可是不會有什麼結果，不會產生任何滿足感。滿足感才是最重要的，對食物的迷戀是不滿足感所創造出來的。

每天只要在吃東西之前靜心冥想一下，閉上眼睛、感覺身體要什麼——不管是什麼！此時你不會看到任何食物——不可能，你只會感覺到自己的存在，感覺到身體的需要、自己的喜好、自己的渴望。

皮爾森博士（Leonard Pearson）將此稱作「需要型食物」（humming food）——食物在呼喚你，你會去吃、盡情地吃，但不會對它著迷。其餘的則被他稱為「引誘型食物」（beckoning food）：只要狀況允許，你就會對它感興趣，那麼這就不是你的需要，而是頭腦所營造的情境。如果你能聽從自己的需要，你就能夠盡興地吃，而且不會為之受苦，因為它能使你滿足。

身體只會欲求它需要的，絕對不會再欲求其餘的，這樣它就滿足了；一旦身體滿足了，你絕不會吃得過量。唯有當你吃的是引誘型食物的時候，難題才會出現：看到色香味俱全的食物就食指大動，這無法滿足你，因為身體並不需要它們。當它們滿足不了你，你就會感到不滿；感到不滿將使你吃得更多，可是不論你吃多少都無法滿足，因為一開始那個需要就不存在。

第一種欲望必須被滿足，這樣的話，第二種欲望就會消失。可是人們不曾聽從第一種欲望，因此第二種欲望才會成為困擾。如果你聽從需要型食物的呼喚，引誘型食物就會消失；唯有當你完全忘記聽從自己內在的欲望，第二種欲望才會成為困擾。但是人們一直被教導不去聽從前者，他們被教導說：「吃這個——不要吃那個」等等刻板規則，然而身體對任何刻板規則是一無所知的。

人們發現，如果讓嬰孩單獨面對一大堆食物，那他只會選擇自己身體需要的食物，這是令人詫異的。許多心理學的發現已公諸於世——結果依然是出人意料的：如果嬰孩有病苦，而蘋果有助改善，那麼他就會選擇吃蘋果，雖然別的食物也被放在一旁，可是他會選擇蘋果。

所有的動物都是這樣，只有人忘了這種語言。你把一隻水牛放進花園，整個花園到處都是花花草草，牠也不會困惑，或許那些花草是引誘型的食物，可是牠也不會感到困擾；牠會找到自己所需的草，牠會選擇某種自己需要的草。你欺騙不了水牛，你只能欺騙人。

人已經淪落到連水牛都不如的地步。你愚弄不了一頭驢子，牠只會吃屬於自己的食物。人類被耍得團團轉，人的世界充斥著廣告、彩色圖片、電視、電影，你被引誘、被帶離了自己身體的需要。某些商業團體只顧將東西賣給你，唯利是圖，但對你卻沒有好處。

有些可樂公司只顧將可樂賣給你，那整你的身體毫無助益。可樂吸引著你，不論你在何處，那裡就有可口可樂；可口可樂似乎是最普遍的事物之一，即使是俄羅斯也不例外。那個瓶子無處不在召喚你、引誘你說：「來吧！」然後你就一陣口渴，但那種口渴是假的。我不是說別喝可口可樂，而是讓它真的是一種需要，讓它真的有意義。

你需要花上幾天、甚至幾個星期的時間，去感覺引誘你的是什麼。儘量去吃那些引誘你的東西，別在乎別人的看法。如果冰淇淋吸引你，那就吃到你心滿意足為止，如此你會頓時體會到滿足；當你感到滿足，那個想吃更多的欲望就消失了。正是那個不滿足的狀態，你才會毫無理由地愈吃愈多，雖然肚子飽飽的，可是你依然不滿足，所以才會有麻煩。

因此，要先學習那些順乎自然的，而且，自然的注定會出現，只是因為我們忘記了，它就在身體裡頭。早餐的時候，閉上眼睛去看自己想要什麼、什麼是你真的想要的。別考慮那些唾手可得的東西，只要想你渴望的是什麼，然後去找那些食物來吃，想吃多少就吃多少。就這樣進行個幾天，慢慢地，你會發現已經沒有食物能再誘惑你了。

其次是：在吃東西的時候要細嚼慢嚥，不要狼吞虎嚥，因為如果是口腔、嘴巴在享受食物，那何不多咀嚼幾下呢？如果吃十口食物可以讓你獲得一口的享受，那就嚼它個十幾次，如果你能純粹享受其中的滋味，那種享受將有如吃了十口食物一樣。

有一個日本男人，他因為喝熱咖啡而把自己的喉嚨燙傷了，後來產生了許多併發症，他的喉嚨完全壞死了，因此必須把他的食道封起來，否則會有生命危險。醫生為他做了一條直通胃部的管子，所以他必須將咀嚼完的食物送進管子，那管子就可以把食物送進胃裡。

那個男人覺得很驚喜，因為他還是可以如往日一樣，繼續盡情享受食物，連醫生都大感詫異。

起先他們很同情那個男人，以為他無法再享受食物，然而他還是繼續享受著食物。事實上，他更能享受食物了，因為現在他可以先咀嚼食物，可是如果不想將它們塞到肚子，就可以丟掉它們，因此他現在可以想吃多少就吃多少，不必把樣樣食物都塞到胃裡去；現在嘴巴和胃部是完全分開的。

所以，當你吃東西的時候，多嚼一點，因為享受的感覺僅限於喉嚨以上，喉嚨以下就沒有味覺了——什麼感覺也沒有，所以何必囫圇吞棗呢？多嚼一點、多一點品嚐，讓這種品嚐更強烈，讓它發揮到極致。吃東西的時候先嗅一嗅，享受食物的氣味，因為味覺有一半是來自嗅覺。

慢慢來，讓它成為一種靜心，就算別人以為你瘋了，那也沒關係。從四面八方仔細瞧瞧食物，閉上眼睛觸碰它，用你的臉頰觸碰它，從各個方面去感受它，不斷地嗅、不斷地聞；然後再咬一小口，咀嚼、享受，讓這成為一個靜心。這樣的話，只要很少的食物就能夠讓你很滿足。

## 憂鬱症

如果你過度擔心身體的話，身體會生病，當身體生病，你自然會更加擔心身體。那就成了一種惡性循環。

即使是一個健康的人、一個健康無比的人，如果他開始想自己的胃——思考胃是如何消化食物，以及其中的原因——那麼他的胃在二十四小時內就會受到干擾。一旦受到干擾，他就會更陷入苦思。所以基本上身體是毫無問題的，疾病只是念頭的具體化而已。藥物是幫不上忙的，因為藥物治不好念頭，所以不管你從一個醫生換到另一個醫生，還是從一種療法換到另一種療法，那都起不了多大的作用。除了念頭以外，沒有其他的病了，所以藥物會產生影響，因為它們全都是毒素。

你愈是從醫生那裡得到挫敗時，你就會愈關注自己的身體，那會形成對身體的意識。當你對身體太過敏感，只要有些微的變化、些微的困擾、些微的不適，就會轉為病痛，因此使身體更加混亂。

所以我的建議是：先將那種念頭丟掉，開始去生活。

有一次……有一個男人被醫生宣告說已經活不過半年，那個人全身都是病，而且已經病了二十年，人身上所有可能發生的都被他碰上了。看過他的醫生都覺得很累，可是那個男人很有錢，他是個憂鬱症患者，所以醫生只能疲憊不堪地說：「你鐵定活不下去了，沒有人救得了你。如果你想再活下去，你也只能再活半年。」

那個男人想著：「如果我只能再活半年，那何必再擔心我的身體呢？反正就要死了。」因此他首次轉換了自己的意識。他訂製了最棒的衣服，買了最好的車子，計畫環遊世界。以前因為身體而無法去的地方他都去了，走遍了世界各地、吃盡了各地美食，和女人做愛，買了他想要的一切東西……真正去過活！反正死亡就要來臨，所以退縮已經沒有意義了。半年後他回來了，現在的他從來不曾那麼健康過，後來他又活了三十多年，難題從此不再出現！

你必須摒棄那樣的意念。自然療法（Naturopathy）是有益的，譬如說，自然療法只是一種休養而不是一種療法，可是別變成一種時尚，否則也會是種病態。自然療法本身並非療法，他只是給身體休養的機會，給身體一種與自然調和一致的情境，和與生俱來的天性調和，不是以藥物來對治症候。

可是自然療法的難題在於：它已經變成一種時尚，時尚是比疾病更危險的。自然療法幫助了很多人，可是這些人不因自然療法本身而生病的人卻很少，當自然療法成了一種時尚，不變得病態的人就很少了。那些人不斷在想要吃什麼、不要吃什麼，哪兒能去、哪兒不能去，不斷在想生態環境，滿腦子都是那些東西。

這樣讓你的生活再次陷入困難。你不能呼吸，因為空氣中有太多的污染；你不能上餐館用餐，因為那些食物的烹調方式不合自然；這個不能吃、那個不能吃，因為你只想吃天然的食物；你不能生活在都市裡，這會使人舉步惟艱。

切記，自然療法只是一種修養，那是件很好的事——你可以偶爾不帶目的的做做自然療法，然後休息兩、三個星期、一、兩個月，看你每年能夠騰出多少時間、就騰出多少時間，而且不帶特定目的，只是享受自然，享受天然的食物、沐浴、蒸氣浴、按摩，沒有什麼特別的理由，只是為了喜悅，為了當中純粹的喜悅。

不過，記得要丟掉你是生病的念頭，想想你內在的那個國王，身體只是他的宮殿。

在你的身體裡有著海洋的水，
有著星辰與太陽的火，
在你的身體裡有著空氣。

# 第五章　靜心的治癒力

靜心（meditation）和醫藥（medicine）這個字源於相同的字根。醫藥意謂著肉體上的治療，靜心則意謂著精神上的治療，兩者都具有治療的力量。另一個要記住的是：治療（healing）和整體（whole）也是源於相同的字根，被療癒意謂著變得完整無缺，這個字還有另一種內涵——神聖（holy），這個字也是源於相同的字根。基本上，治療、整體、神聖這三者並無不同。

靜心能夠治療你，使你完整，成為完整的就是成為神聖。神聖與你是什麼宗教、什麼教派毫無關係，只是意謂著你的內在是連續的、完整的，你是圓滿無缺的；存在就是要你成為這個樣子，你已經實現了自己的潛能。

有人問：「奧修，你設計的各種主動型靜心（Active Meditations）傾向使肌肉繃緊，這讓全身痠痛不已。有什麼方法可以克服？」

繼續下去！這樣你就能克服。有兩個很簡單的理由，首先，主動型靜心是一種強而有力的運動，你的身體必須與之配合一致，因此有三、四天的時間，你會感覺整個身體都在痠痛，這是進行任何新的運動都會發生的現象。但是四天之後你就能夠克服，而且你會覺得身體變得比以前更強壯。

這還不是最基本的，基本的發生在更深處，現代心理學已經發現這個部分：你的身體不只是肉體而已，其中還有許多東西，它們透過壓抑而滲入你的身體、肌肉與身體的結構中。

如果你壓抑憤怒，那麼毒素將會進入你的身體，會進到你的肌肉、你的血液裡；任何壓抑不光是心理上的問題，同時也是肉體上的問題——因為這兩者並非真的互相分開，你不是身體、也不是頭腦，你是身體頭腦(bodymind)——你是身心相關的，你是兩者的合一。

所以不管你對身體做了什麼，頭腦都會受到影響，不管你對頭腦做了什麼，身體也會受到影響，身體和頭腦是同一個實體的兩極。

譬如說，當你生氣的時候，身體發生了什麼事？每當你憤怒時，某些毒素就會釋放到血液，如果沒了那些毒素，你是憤怒不起來的。你的身體有特定的腺體，那些腺體能夠在憤怒的時候釋放出特定的化學物質，這已經有了科學上的證明，不只是個哲理而已，你的血液變得有毒了。

這就是為什麼生氣的時候能做出平常做不到的事情，因為憤怒的你處在一種發燒的狀態；此時的你可以推開一塊大石頭，這是你平常辦不到的，而且事後還不敢相信自己竟有這麼大的力量，那是因為血液中循環的某些化學物質使你處於一種緊急狀態，你的能量全部活躍了起來。但是在你恢復常態時就不再有力量去舉起它，因為你不再一樣了。

動物生氣的時候就是生氣，牠沒有任何關於生氣的道德觀念和教義，牠就是生氣，然後怒氣就被釋放了。

你的憤怒在某種程度上和動物是相似的，可是因為有社會、道德、禮教，還有其他數不盡的事物，所以你必須將憤怒壓下去，必須表現出沒有生氣的樣子，必須微笑——強顏歡笑！你必須陪笑，同時將憤怒壓抑下去。這時身體發生了什麼事呢？身體正箭在弦上——對抗或是逃開、避開危險，面對或是逃避，它正蓄勢待發：憤怒只不過是準備有所作為的狀態，這時身體就要變得充滿暴力和侵略性。

如果你能夠充滿暴力和侵略性，那麼這份能量就得以釋放。可是如果你無法如此——因為那會造成困擾，所以你就將它壓回去，這麼一來，那些箭在弦上、處於備戰狀態的肌肉會如何呢？它們會陷入癱瘓。能量原本促使它們去攻擊，可是為了以和為貴，你又將它們推了回去，這就產生了衝突，在你的肌肉、你的血液，在你的身體組織裡會產生衝突；肌肉原本準備有所表達，但你卻出面制止、壓抑它們，因此你的身體變得動彈不得。

這伴隨著每一個情緒而發生，年復一年、日復一日不停地發生，所以你全身上下都是癱瘓的，每一條神經都殘廢了，不再流動、不再順暢，沒有活力、死氣沈沈，它們已經被毒化了，全部深陷泥淖、不再自然。

你看看動物，看看牠們優雅的身軀，而人類的身體呢？為何無法如此優雅？為什麼？所有的動物都那麼優雅，為何人的身體就無法如此？到底怎麼了？是你幹的好事，你毀掉了身體，所以流暢的自發性不見了，身體已經僵滯不前。你身體的每一個部位都存在著毒素，你每一條肌肉都壓抑著憤怒、壓抑著性慾、壓抑著貪婪以及一切……壓抑著嫉妒、憎恨，所有情緒都壓抑在那裡，你的身體著實病得很重。

所以當你開始靜心的時候，所有毒素將被釋放出來。每當身體變得僵滯，它就必須再次融化、再次流暢起來，這是一項超乎尋常的努力。當你以錯誤的方式生活了四十年之後，有一天突然做起靜心，這讓全身陷入一種劇變，你會感到全身都在疼痛，可是這種疼痛是好的，你必須欣然接受，讓身體再次流暢起來。身體會再次優雅、再次天真起來，你會再一次活過來。可是在這之前，那些枯萎的部分必須被整頓一番，這就會產生一些痛苦。

心理學家認為我們在身體外圍披了一層盔甲，這層盔甲就是難題的肇因。如果表達憤怒是完全被允許的，那你會怎麼做？當你生氣時，你會咬牙切齒，你會想用手、指甲來幹什麼，那是遺留在你身上的動物性所使然，你會想要用手來做些事、做出毀滅的行為。

這時如果你什麼都不做，那你的手指會癱瘓、會失去優雅和美感，它們不再是活的肢體，那裡充滿了毒素。所以當你與人握手的時候，其實感動、活力並不存在，因為你的手是僵死的。

你會有這種感覺，碰觸一個嬰孩的手，就是有隱隱的不同。當一個小孩真的交出他的手……如果他不願意，那沒有問題，他會縮手，他不會給你僵死的手，就只是把手縮回去；可是如果他要交出他的手，那你會覺得這手彷彿融入了你的手。那股熱切、流動——好像整個小孩都在這手中，就在那觸摸中，他已經把可能表達的愛全部表達出來了。

可是當小孩長大之後，他會好像在使用沒有生命的工具一樣與人握手，他不會進入其中，也沒有能量的流動，這是因為那裡有淤塞。憤怒淤塞在那裡……事實上，在手能再次充滿活力去愛之前，必須經歷痛苦的淬煉，必須經歷一種深刻的憤怒表達過程。如果憤怒沒有釋放，那麼就會產生淤塞，愛就無法從你的手展現出來。

你整個身體都淤塞不通，不只是手而已。你可以與人擁抱，把人擁在胸懷，可是那不等於讓人靠近你的心，這是兩回事。你可以擁抱一個人，這是一種肉體上的現象，但如果你的心披著一層盔甲，如果你的情感是淤塞的，那麼這個人依舊離你千里之遙，不可能與你有所親密。

**如果親近是發生在兩個沒有盔甲、沒有壁壘的人之間，那麼他們的心會互相融入對方，會產生交會、交流。**

身體的許多毒素必須被釋放掉，你中毒已深，所以才會疼痛。為什麼？因為那些毒素已經沈積在身體裡。現在我製造了一種混亂，這類靜心的目的就是在你裡頭創造出混亂，好讓你能重整一番——這才可能有新局面。你必須毀掉現有的你，唯有如此，重生才有可能；現有的你是非常有問題的，唯有毀掉這樣的你才可能產生新氣象。一定會有痛苦，但那是值得的。

所以，繼續做這樣的靜心，允許身體痛苦，讓身體不要抗拒，讓身體進入這樣的劇苦，這劇苦源於你的過去，可是它會結束，如果你準備好了，它就會消失。當痛苦消失的時候，你將首度擁有一個身體。此時你有的只是一座監牢、一間死寂的牢房，你被監禁在裡頭，你並沒有一個輕盈的、生氣蓬勃的身體，連動物的身體都比你的身體來得更美、更有活力。

順道一提，這也是為何我們如此迷戀衣飾的原因——因為身體是不值得顯露的。我們太過迷戀於衣飾了！每當你赤裸地站著，你就會知道自己是如何在對待身體。衣飾一直將你的身體遮掩起來。

長久已來的衣著習慣使我們失去與身體的接觸。如果將你的頭去掉，讓你面對沒有頭的身體，我敢說你一定認不出那是自己的身體。你認得出來嗎？不，因為你甚至連自己的身體都不熟悉，你對它沒有一點感覺，你只是活在那裡，一點也不關心它。

我們對身體太粗暴了，因此我用這種混亂型的靜心，迫使你的身體再度活絡起來。有許多淤塞將被打破，有許多沈積會被瓦解，許多系統將再次流暢起來。一定會有痛苦，但要欣然接受它，那是個祝福，而且也會被你克服。繼續下去！不必想說該怎麼辦，只要持續做那個靜心。我目睹過許多人經歷這相同的過程，幾天之內，痛苦就會消失；當痛苦消失，你的身體會瀰漫著微妙的喜悅。

現在你無法擁有這種喜悅，因為痛苦還在那裡。或許你知道痛苦的存在、也或許不知道，但痛苦確實遍及你的身體，因為它始終伴隨著你，所以你沒有意識到它的存在，你不會意識到那些一直存在的事物。透過靜心，你意識到痛苦，然後頭腦就出面說：「別這麼做，這樣使全身上下都很痛苦。」這時候別聽頭腦說的，只要繼續下去。

一段時間後，痛苦會被拋掉；當痛苦被拋掉，你的身體會再度變得有接受性，淤塞消失、毒素也不見了，你會一直感到被莫名的喜悅圍繞著，不管你是否在靜心，你會感覺身體被微妙的喜悅不停地包圍著。

的確，喜悅（joy）只是意謂著身體浸淫在一種交響樂的境界，你的身體處在一種饒富樂章的韻律中，如此而已。喜悅不是歡樂（pleasure），歡樂一定別有原因，但喜悅只是成為你自己——有活力、生氣勃勃、充滿生命力。那是圍繞在你身體裡裡外外的一種微妙的音樂感，是一首交響樂，那就是喜悅。當你的身體流暢得像條溪流時，你就會充滿喜悅。

喜悅是會出現的，可是你必須經歷痛苦，那是你的命運之一，因為痛苦是你親手創造的。痛苦終會消失，如果你不是半途而廢，它就會消失；如果你半途而廢，那些陳年舊帳會再次出現——只要四、五天，你又會覺得沒事了，你又恢復了以往的老樣子；要對這種沒事的狀態提高警覺。

## 放下的境界

很難放下，因為那違反了這個工作至上的社會，它總是被譴責為懶惰。放下意謂著以一種神志正常的方式生活，你不再瘋狂地追逐金錢，你不會日以繼夜不停地工作，你的工作只是為了物質上的需要，可是還有靈性的需要！工作是物質需求之必要，放下則是靈性需求之必要。可是大多數人一直在全力抵制任何靈性上的成長。

放下是一種最美妙的境界，你只是存在，無為、靜靜地坐著，草木就自己生長；你只是享受鳥兒的歌唱、草木盎然的綠意、花兒多采多姿的迷人色彩。體驗存在不需要你的任何作為，而是必須停止作為，你必須處在一種完全空閒的狀態，沒有緊張、沒有煩惱。

在這種靜謐的境界中，你與圍繞在我們身邊的音樂和諧一致。你將赫然發覺太陽是那麼的美，有千千萬萬的人不曾享受過夕陽，也不曾享受過朝陽，他們承擔不起；他們終日工作和生產，不是為了自己，而是為了那些狡猾的既得利益者：那些權貴，那些能夠操縱人類的人。

當然，他們會教導你說工作是某種偉大的東西，那是為了他們自身的利益，這樣的制約是如此深植人心，以致於你甚至不知道為何無法放鬆下來。即使是假日，人們也繼續在做這個、做那個，他們無法好好享受假期，無法只是輕鬆地待在海邊，享受海洋、享受清新與鹹鹹的海風，不會，他們什麼蠢事都做。如果他們沒事幹，那或許會把冰箱給拆了，原本冰箱還好好的，或者把一座已經走了幾百年的老爺鐘給拆了，試著做出改良。可是根本的難題是：他們無法靜靜地坐著，他們必須做些事，必須前往某個地方。

假日的時候，人們每每趕往健康度假中心、海邊，為的不是在那裡好好休息——他們根本沒時間休息，因為那裡人潮洶湧。假日是待在家裡最好的時段，因為城裡的人全都跑到海邊去了；路上車水馬龍，所有的車子全開往那裡……到最後，整個海邊都是人，甚至找不到一個小地方躺下來，這是我見過的海濱奇景，甚至連海都會笑這些人的愚蠢。

他們會躺下來幾分鐘，然後就想吃吃冰淇淋和可口可樂；他們會帶著手提電視，每個人都圍在電視前面。然後假期就結束了，因為回程又是一趟令人疲乏的馬拉松長跑。

意外事件特別容易發生在假期，其間有更多人死亡，有更多的交通事故。這很奇怪！一個星期有五天的時間——這五天是工作天，此時人們殷切地期盼、等待假日的到來；可是在放假的兩天裡，他們又等著公司、工廠再度開工。

人已經完全忘了放鬆的語言，他們注定會忘了這回事。

每個嬰孩都帶著一份天賦誕生，你不必教小孩要怎麼放鬆，你看看他，他就是放鬆的，他就是放下的。可是你卻不讓他享受這般仙境，很快就把他文明化了。

每一個小孩都是原始的、未文明化的，但是父母、老師和所有的人都站在背後教化他們，要他們成為社會的一部分，可是卻沒有人擔心這是一個完全病態的社會。如果小孩可以保持他本來的樣子，不須成為社會的一份子，也不需要你們所謂的文明教養，那才是好事。

可是因為種種充分的期待，父母不可能就這麼放任小孩獨自發展，他們必須教小孩工作，必須教小孩從事生產，必須教小孩與人競爭。他們必須教導說：「除非你出人頭地，否則就是辜負了我們。」

因此，每個人都想出人頭地。

這樣你怎能放鬆？

我聽過一則優美的故事：事情發生在印度第一條鐵路完成的時候。有一位負責監督整個工程的英國工程師，看到一個年輕的印度人，那個鄉下人令他很驚訝，因為那個年輕人每天都會來到工地附近，然後躺在一棵大樹下，看著工人做工、看著工程師在一旁指揮。這位英國工程師好奇地想著：這個奇怪的傢伙，每天都來，而且還在那裡吃午餐、休息，然後在樹蔭下睡午覺。

那個工程師最後終於忍不住好奇，他去問那個鄉下人：「你為什麼不工作呢？反正你都可以每天閒著沒事來這裡，那又何必把時間浪費在那裡躺著、看著？」

那鄉下人說：「工作？為什麼？」

工程師說：「這樣你就可以賺錢啊！」

鄉下人說：「但是我要錢幹什麼？」

工程師說：「你真傻，你不知道錢能幹什麼嗎？當你有錢的時候，你就可以放鬆和享受！」

這個窮鄉下人說：「這很奇怪，我不就在放鬆和享受嗎？何必多此一舉：努力工作、賺錢，然後享受和放鬆。可是我已經辦到了呀！」

每一個小孩天生就有放下的品質，他們是全然放鬆的，這就是為什麼所有的小孩都那麼美的原因。你想過嗎？所有的小孩都具備無比的優雅、活力和美，沒有例外。但這些小孩都會長大，然後所有的美和優雅都會消失。

你很難在一個成人身上發現同樣的優雅、同樣的美、同樣的活力。如果你遇到一個有著童真與放鬆的成人，那你遇到的是一位聖者（sage）。那就是東方對聖者的定義：他重新拾回了童真（childhood）。在經歷了人生一切的潮起潮落，最後他決定——這決定源自親身的體驗，是自發的——決定在死前重拾昔日的童真。

我教導你放下，因為那是唯一能使你成聖的方法，這是任何教會都無能為力的，任何神學、任何宗教也無能為力，因為他們不教你放下。全都強調要工作，強調勞動是高尚的，以花言巧語來奴役你、剝削你，與社會的寄生蟲、既得利益者狼狽為奸。

我並不反對工作，工作有它的實用性——但也僅止於實用性，工作不可能成為你生命的全部。你必然需要食物，需要衣服、一幢屋宇，所以需要工作，可是別因而沈迷於工作；工作之餘，你必須知道如何放鬆。放鬆不需要多大的智慧，那是一門很容易的藝術，之所以容易是因為你早在出生之時就曉得了；放鬆已經在那裡，需要的只是將它從沈睡中喚醒，它必須被激醒。**所有的靜心方法只是在幫你憶起這門放下的藝術**。我指的是憶起，因為你早就體驗過了，而且你依然曉得它，只不過社會壓抑了那份了解。

有幾個簡單的原則必須了解：你必須從身體開始。躺在床上——你每天都會這麼做，所以沒什麼特別的——在你睡著之前，躺在床上，閉上眼睛，從你的腳開始觀察能量。從腳開始，你要從內在觀察，看看哪裡有緊張：是小腿、大腿還是肚子？是不是有什麼緊繃或負擔？如果你發現哪裡有緊張，只需試著使它放鬆，在還沒感到放鬆之前，別將焦點移開。

讓你的手放鬆——因為你的手就是你的頭腦，它們連結到你的頭腦。如果你的右手是緊張的，那麼你的左腦也會是緊張的；如果你的左手是緊張的，那麼你的右腦也會是緊張的。所以要先讓手放鬆，它們幾乎就是頭腦的分支，到頭來一定會影響你的頭腦。

當你全身放鬆時，頭腦也就放鬆了九成，因為身體只不過是頭腦的延伸。接下來就是頭腦裡剩下的那一成緊張……你只需看著它，你只要看著，烏雲就會消失。這會花上你幾天的時間，它是一門訣竅，能使你重回兒時那般放鬆的經驗。

你有觀察到嗎？小孩每天都在跌倒，可是他們不會受傷、也不會骨折。你可以試試看，當小孩跌倒，你也跟著跌倒看看。

有一個精神分析學家做了一些試驗。他在報紙上刊登說：「如果有人可以到我家待上一整天，不管我的小孩怎麼做，他就跟著做，那我就給他一筆不錯的酬勞。」有一名年輕的摔角選手現身說：「我來了，小孩在哪裡？」

這一天才過了一半，這位摔角選手就被擺平了，他身上已有兩處骨折，因為不管小孩怎麼做，他都要跟著做。那個小孩對此感到很亢奮、很新鮮！所以就故意跳上跳下，所以摔角選手也跟著跳上跳下；他爬樹，所以摔角選手也跟著爬樹，然後他從樹上跳下來，因此摔角選手也跟著跳下來。事情就這麼繼續下去，小孩完全忘了吃東西、忘了一切，全心享受著摔角選手被整的慘狀。

到了下午，摔角選手宣布放棄，他對精神分析學家說：「你的錢留著吧！這小孩最後會把我殺了，我已經準備去醫院。這小孩太危險了，別再對別人做同樣的試驗。」

每個小孩都精力過人，可是他依然沒有緊張。你看過睡夢中的小孩嗎？你見過小孩沈醉在吸手指、做美夢的樣子嗎？他從頭到腳都是放下的。

這是眾所皆知的，隨時隨地都有醉漢在跌跤，可是他們卻不會受傷、骨折，早上你會在水溝裡發現他們的蹤跡，但是很奇怪，他們還是繼續在跌跤。醉漢不會受傷，因為他不曉得自己在跌跤，所以他沒有緊張；他不帶著任何緊張而跌跤，是緊張帶給你骨折。如果你放鬆地跌倒，你將不會受傷，醉漢曉得、小孩也曉得——所以你怎麼可能遺忘呢？

從每天晚上睡覺的地方開始，幾天之內你將能掌握那個訣竅。一旦你曉得那個祕密——那是別人無法教你的，你必須親自去探究自己的身體；爾後，就算是白天，不管是任何時候，你都能夠放鬆。成為一個能夠放鬆的人是世上最美的事之一，那是靈性之旅的開端，因為當你全然放鬆的時候，你就不再是身體了。

你有觀察到一個明顯的事實嗎？只有當緊張、緊繃、痛苦存在的時候，你才會察覺到身體；當你沒有頭痛的時候，你會察覺到自己的頭嗎？如果全身上下都放鬆，你就會忘記自己是身體。忘卻身體就是記起潛藏在身體背後的全新現象：靈性的存在。

放下是知道自己不是身體，而是某種永恆不朽的方法。除此之外，其餘的宗教都是沒有必要的，光是放下這門簡單的藝術就足以使人類虔誠求道。宗教不是對神的信仰，宗教不是對教宗的信仰，宗教也不是任何意識型態。

宗教是領悟你內在的永恆，那是你存在的真理，那是你的神性、你的美、你的優雅、你的光輝。放下的藝術就是去體驗那非物質的、那廣大無垠的——也就是你真實的本性。

有些片刻你是放下的，只是你沒有發現而已。譬如說，當你真切地笑的時候——用肚子在笑，而不是用頭在笑，這就是你沒有察覺到的放鬆，此時你是放下的。這就是為什麼笑如此有益健康，已經找不到比笑更能助你幸福圓滿的仙丹妙藥了。

可是，笑同樣被那些阻止你察覺到放下的共謀者所禁止，全人類都因此變得嚴肅不堪，心理上病得一團糟。你曾聽過小孩子咯咯地笑嗎？他整個身體都參與在其中；可是你卻很少整個身體在笑，你的笑只是一個理智上、思慮上的東西。

我自己的領悟是：**笑遠比任何祈禱來得重要**，因為祈禱非但無法使你放鬆，而且還令你更緊張。你在笑之中會頓時忘了一切的制約、一切的教養、一切的嚴肅，就在這個片刻，你頓時擺脫那些桎梏。下次你笑的時候，要察覺到自己是多麼的放鬆，然後再去留意其他放鬆的時刻。

做愛之後你是放鬆的……雖然那些共謀者甚至不允許這樣的放鬆，所以男人在辦完事後就轉頭裝睡，但其實他自覺重犯舊惡；女人則在一旁啜泣，因為她感覺自己被利用了。女人會有這種感覺是理所當然的，因為她並沒有從做愛那裡獲得滋潤。女人從沒經歷過任何性高潮，在五十年以前的世界，沒有一個女人曾有過性高潮。在印度更是極端，你很難找到一個體驗過性高潮的女人。

你找不到比此更違反人性的陰謀了。男人只想盡快了事，其實他心裡帶著聖經、可蘭經、薄伽梵歌，而這些東西全都反對他現在的作為，同時他也確信自己的作為是錯誤的，所以當然是盡快結束這檔事比較好，而且事後又感覺極度不悅，所以怎麼可能放鬆呢？他會更緊張。因為他的匆忙，所以女人從來沒有高潮過；女人才正要開始，男人就結束了，所以女人自然會認為男人始終像個動物。

你會發現教會和寺廟裡都是女人，特別是年老的女人，當教士在講解何謂罪惡的時候，她們完全有共鳴！那絕對是個罪惡，因為她們沒有從中獲得一絲歡愉，她們好像商品一樣被使用，只是一項性交的物品。反過來說，如果你可以沒有罪惡感、沒有任何禁制，那麼愛將帶給你放下的莫大體驗。

因此你必須深入自己的生命，你能夠在那裡找到某些放下的天賦。在你游泳的某些片刻，如果你真的是個泳者，那麼你就能夠漂浮，而不是主動去游，這樣你將會發現莫大的放下——只是順著河水，不會做出任何逆流而行的舉動，而是成為河流的一部分。

你必須從各個根源來凝聚放下的體驗，如此你很快就能掌握整個奧祕，這是最基本的事情之一，可以使你擺脫工作至上這樣的制約。

這不意謂著你會變懶惰，相反的，你愈放鬆，你就愈活力充沛，放鬆使你凝聚更多的能量。你的工作會開始富有創造性，而不是生產而已。不管你做什麼，你都會帶著萬分全然、萬分的愛去做，而且會有無比的能量去做。所以放下並不反對工作；事實上，放下將工作轉化成一種創造性的體驗。

用幾個笑話來全然地笑一笑吧！讓它們帶走你臉部、身體、肚子的緊張，你會突然感覺到內在那股完全不同的能量，否則大部分的人還是會繼續感到肚子的不適。

喬是佩蒂的朋友，他晚上有修成人教育的課程。「誰是隆納・雷根？」他問佩蒂。

「我不知道。」佩蒂回答說。

「他是美國總統，」喬說：「那你知道誰是佘契爾夫人嗎？」

「不知道。」佩蒂說。

「她是英國首相，」喬說：「你看，你應該像我一樣去上課。」

「現在換我問你一個問題，」佩蒂說：「你知道麥可・蘇利文是誰嗎？」

「我不曉得。」喬老實回答著。

「嗯，」佩蒂回答說：「他就是趁你晚上上課時偷你老婆的漢子。」

*　　*　　*

耶穌和摩西在星期六的下午去打了一局高爾夫球。摩西的第一杆用力一揮，小白球直直地落在平坦球道上，耶穌的第一杆則是打歪了，小白球滾到高高的草叢裡去。

「聖摩西！」耶穌喊著，可是摩西為了表現他是有風度的夥伴，所以允許耶穌不扣分，給耶穌再一次的機會，可是耶穌頑固地拒絕了這個好意。因此摩西說：「別這樣嘛，耶穌，你無法從這麼高的草叢裡把球救出來。」

「如果帕爾默（Arnold Palmer；譯注：美國著名高爾夫球運動員）辦得到，」耶穌回說：「那我也可以。」隨後耶穌拿著杆子向球一揮，「潑！」掉到池塘去了。接著摩西又揮下第二杆，小白球上了果嶺，然後轉身看著耶穌，耶穌則是抖著他的牛仔褲。

「耶穌，你就行行好吧！」摩西喊著：「我求你把球放到球道上吧！這樣會讓你揮出好成績的！」

「如果帕爾默辦得到，」耶穌回說：「那我也可以。」於是他往水面大步跨了過去。

有一個園丁見到這一幕，就走向摩西說：「剛才那傢伙以為他是誰啊？耶穌基督嗎？」

「沒這麼好運！」摩西回答說：「他以為自己是帕爾默！」

## 時時刻刻靜心

每當有時間，就花幾分鐘的時間放鬆你的呼吸系統，這樣就好——不必去放鬆整個身體。不管是在火車、飛機還是車子裡，沒有人會察覺你在做些什麼，只要放鬆呼吸系統。讓它自然地運轉，然後閉上眼睛，觀察你的吸氣、呼氣、吸氣……

不要集中精神，如果你專注，麻煩就來了，因為一切都將成為干擾。如果你企圖在坐車的時候集中精神，那麼車子的噪音會變成一種干擾，你旁邊的乘客也會是個干擾。

靜心不是專注，而只是覺知而已，你只要放鬆與觀察呼吸。這樣的觀察什麼都不排斥，車子轟隆轟隆地響著——完全沒問題，接受它；路上車水馬龍——沒問題，那是生命的一部分；身旁鼾聲如雷的乘客，接受他。沒有要拒絕什麼，靜心不是要窄化你的意識。

專注就是窄化你的意識，這樣才能使你集中焦點，可是別的事物便成了你的對手，這就是和一切在抗爭，因為你害怕或許會失去焦點，害怕自己或許會分心，這也是個困擾。所以你就要隱遁到喜馬拉雅山去，需要到印度找一間能夠靜靜地坐下的屋子，這樣就沒有人會干擾你。

不，不對，生命的過程不是這樣的，那是在孤立你自己，不會有好下場的，那只會換來一時的寧靜、鎮靜。這就是你一再一再失去那種境界的原因，因為當那些寧靜的條件不在時，寧靜就不見了。

如果一個靜心需要特定的前提，需要滿足某些特定的條件，那根本就不是靜心，因為你無法在死亡的時候也這麼做。死亡是非常令人分心的事，如果活著能使你分心，那死亡就更不用說了，你會無法靜心地死去。因此，必須具備特定條件的靜心是徹底無用、無效的。你還是會再次緊張、焦慮、悲慘、苦惱地死去，然後又為自己的來世創造出相同的人格。

讓死亡成為判斷的標準，死的時候辦得到的才是真實的——那就攻無不克了，無論何處你皆能做到，不需任何條件。有時候條件不錯，那很好，你會享受它們；有時候條件不好，那也沒有差別，就算在市場，你也能做到。

不要有任何控制靜心的企圖，因為所有的控制都源於頭腦，因此靜心絕對不能是一種控制。

頭腦不可能靜心，靜心是某種超越頭腦或是不及於頭腦的東西，但絕不會是頭腦裡頭的東西。因此如果頭腦還在監視和控制，那就不是靜心，而是專注；專注是一種頭腦的努力，它把頭腦的品質帶到巔峰狀態。科學家集中精神，軍人集中精神，獵人、研究員、數學家，他們都必須專注，這些全是頭腦的活動。

任何時間都可以靜心，沒有必要固定不變，只要允許，任何時間都可以。你可以在浴室裡待上十分鐘，只是坐在蓮蓬頭下靜心。早晨、下午，只要四、五次，五分鐘小小的靜心，爾後你會發現，它已經成了一種持續不斷的滋養。

沒有必要一天二十四小時都在靜心。只要一杯靜心就夠了，沒有必要飲完整條河水，只要一杯茶就可以了。盡可能容易地靜心，容易就是對的；盡可能讓它自然。不必特地找時間，只要有空；別讓它成為一種習慣，因為所有的習慣都來自頭腦，但是一個真實的人事實上是沒有習慣的。

## 放鬆是容易的

為了放鬆，你必須感到很舒適，所以要讓自己舒舒服服的。坐在椅子上，擺出任何你想要的姿勢，閉上眼睛，讓身體放鬆，從你的腳尖到你的頭頂，看看哪裡有緊張；如果是膝蓋，就放鬆膝蓋。只要撫摸膝蓋，對它說：「請放鬆。」如果是肩膀，那就撫摸它說：「請放鬆。」如此，一個星期之內你就能與身體溝通，一旦你與身體開始交流，事情就會變得很容易。

身體是不能硬來的，它可以被說服。你不需要對抗身體，那是醜陋的、暴力的、好鬥的，要讓舒服成為你的準則。身體是神如此美妙的恩賜，對抗它就是在否定神；身體是一座神龕……我們被珍藏在其中，它是廟宇，我們活在其中，無微不至地照顧它是我們的責任。

所以剛開始的前七天，你會感到有點荒謬……因為不曾有人教導我們和自己的身體說話，但奇蹟能夠透過它發生，不需要我們的認知，奇蹟就在發生了。當我對你說話的時候，我的手也伴隨著一種姿勢；我的頭腦在對你說話，把訊息傳達給你，而我的身體則亦步亦趨，身體和頭腦是協調一致的。

當你想舉起手時，什麼也不必做——只要舉起手就可以了；光是那個舉手的想法，身體就會馬上照著做，這是奇蹟。事實上，不管是生物學還是心理學都無法解釋其中的原因何在，因為想法歸想法，你想舉手，這是一個想法，然而這個想法是如何轉變成手可以理解的物理訊息呢？而且不費一分一秒——剎那即可，有時候甚至連個剎那都不用。

譬如說，在對你說著話的時候，我的手也跟著律動，它們之間沒有一點延遲，身體好像和頭腦是並駕齊驅的。身體很敏銳，你應該學習如何與它說話，這樣的話，事情就會更順利。

所以第一件事就是：放鬆地坐在椅子上，看是要微亮的燈光還是完全黑暗都可以，就是不要燈火通明。在這二十分鐘裡，請別人不要來打擾你，也不要接電話，什麼都不用管……彷佛世界已不存在；關上房門，鬆開鈕扣在椅子上休息，讓自己沒有任何束縛，然後去感覺哪裡有緊張。

你將發現有許多地方是緊張的，先讓它們放鬆下來，因為如果身體沒放鬆，那麼頭腦也不可能放鬆；身體可以為頭腦創造放鬆的情境，身體是放鬆的傳播媒介。

當你想生氣或是正在生氣，但若身體不和你配合，你是生不起氣的。生氣需要某種微妙的機制來配合，它會在血液中釋放出某種毒素：你會漲紅著臉，雙眼布滿血絲，雙手想要打、殺、捶，你會想吶喊或怒吼，你的身體全都箭在弦上。

有時候你可以試試看，當身體沒有任何憤怒的徵兆時，試試看能不能生氣——你會覺得那是不可能的，除非身體為憤怒建立基礎，否則根本不可能憤怒。可是那些所謂的聖人卻教了許多愚蠢的東西，說身體是敵人，說身體是可恥的，說身體使你墮落，說身體是罪惡——反正身體全都是罪惡。

如果你想為惡，身體的確能夠幫你一把，可是該負責的是你，不是身體。如果你想靜心，身體也會幫你一把；如果你想墮落，身體也會幫你一把；如果你想提升，身體也會跟著你走。身體完全是無辜的，責任完全落在你自己的意識上——可是我們向來在找代罪羔羊。

身體是歷史最悠久的代罪羔羊之一，任你怎麼摧殘，它還是沈默不語，它無力報復也無能答辯，它不會說你錯了。所以不管是什麼樣的吩咐，身體都不會做出任何違逆你的舉動。

因此，繼續讓自己充滿愛憐，帶著深深的同感和關懷去照料、擁抱身體，至少持續五分鐘，然後你會感到非常、非常輕鬆和放鬆，就好像睡著了，這個時候就將意識放在呼吸上：放鬆你的呼吸。

身體是我們最外在的部分，意識是最內在的部分，呼吸則是將兩者連結在一起的紐帶。這就是為什麼一旦呼吸消失，人就死了，因為那個紐帶斷了，所以身體已經無法再作為你的居所了。

所以，當身體放鬆之後，閉上眼睛，觀看自己的呼吸，同時也放鬆它。對呼吸說些話：「放輕鬆，放自然。」當你說「放輕鬆」的那一刻，你會發現呼吸不知不覺就放鬆了。我們平時的呼吸已經非常不自然，我們忘了如何使呼吸放鬆，因為我們始終是那麼緊張，所以你已經對緊張的呼吸習以為常了。因此，只要重複說個兩、三次「放輕鬆」，然後就靜下來。

你的身體是由大地
所創造出來的，
你的身體代表了這整個宇宙
以及所有的元素。

# 第六章 通往意識的大門

無數的人按照鏡中的影像在生活，他們以為鏡中的影像就是自己的面孔，以為那就是他們的名字，以為那就是他們全部的認同。

你必須再深入一些，你必須閉上雙眼、向內看。你必須靜下來，除非你進入內在純然的寧靜，否則你永遠無法知道自己是誰。我無法告訴你，沒有人能告訴你，每個人都必須自己去發現。

儘管如此，你依舊存在——起碼這一點是肯定的，唯一要解決的問題是：進入內在最深的核心去找到自己。那就是我這些年一直在教導的，我所謂的靜心只不過是一種找到自己的手段。

別問我、也別問其他人你是誰，答案在你裡面，你必須深入自己去找到答案。而且答案就在跟前，只是你必須徹底轉過身來面對它。

你將赫然發現：你既不是你的名字，
也不是你的臉孔、身體，甚至不是你的頭腦。
你是整體存在的一部分，
你隸屬於祂一切的美、莊嚴、喜樂，
以及祂無限的狂喜。
意識只是意謂著知道自己。

## 體察生命核心

身體本身是微不足道的，它之所以充滿光明是因為某種超越的東西。身體的榮耀不在於它自己——它只是一間旅店——它的榮耀源於來訪的貴賓。如果貴賓被遺忘了，那麼身體只能單純地放逸；如果你能牢記著貴賓，那麼愛惜身體、歡慶身體就是對神的一種崇敬。

美國人對身體的崇拜是無意義的，他們追逐著健康食品、按摩、羅夫治療以及種種，企圖為生命創造意義。可是你可以從他們的眼睛裡見到莫大的空虛，可以見到他們已經迷失了。那裡沒有芬芳，花朵也沒有綻放，事實上，他們只是空虛、迷惘，不知如何是好。他們做了許多身體工作，但卻錯過了目標。我聽過一則趣聞：

羅生福滿臉得意地走回家裡，「你一定猜不到我剛才打了什麼樣的勝仗，」他告訴他太太說：「我在拍賣會上買了四條高檔輪胎：內含鋼絲、白色鋼圈、寬胎面的重型輪胎。」

「你瘋了嗎？」羅生福的太太說：「你沒事買輪胎幹嘛？你甚至連台車子都沒有。」

「這個嘛，」羅生福說：「你不是也買了胸罩嗎？」

如果錯過核心，你就會繼續點綴周圍的部分，那也許騙得了別人，但滿足不了你；或許可以騙騙自己，因為反覆的謊言可以像真理一樣，然而還是滿足不了你，不可能。美國人卯足全力在享受生活，但似乎沒有一絲喜悅。**切記：一旦你致力於享受，你就會錯過；當你致力於達成幸福，你將會錯過。**

企圖達到幸福的那個努力是荒謬的——因為幸福就在這裡，你不可能去達到，你無法向它要求什麼，只能允許它發生。它瀰漫在四周發生著，你的裡裡外外只有幸福存在，這是唯一真實的，其他都是假的。

留心看，深深地洞察這個世界，洞察草木、鳥兒、岩石、溪流，洞察星辰、月亮與太陽，洞察人、動物——深深地洞察，你會發現幸福、喜悅構成了存在，存在是由喜樂所構成的。什麼都不必做，或許正是你的作為在從中作梗。放鬆，幸福就會滿足你；放鬆，幸福就會湧向你；放鬆，幸福就會流過你。

美國人是緊張的。當你追逐，緊張就在那裡；當你允許，放鬆就在那裡。然而美國人正追逐著、竭盡心力於追逐，企圖從生命中拿走什麼，企圖壓榨生命。結果什麼也沒有，因為這根本不是辦法。你不可能壓榨生命，你必須臣服於它；你無法征服生命，你必須有足夠的勇氣讓生命來擊敗你。在那裡，失敗就是勝利，求勝的努力終將證明你是徹底失敗的。

生命是無法征服的，因為部分不可能征服整體，那有如水滴想要征服大海一樣。是的，水滴能夠落入大海、變成大海，但是它無法征服大海；事實上，落入大海、流進大海才是征服的方式。

其次是：美式頭腦講究的是競爭。你也許不是真的愛自己的身體，而只是為了不落人後，因為別人這麼做，所以你也要如法炮製。美式頭腦是有始以來最膚淺、野心最大的頭腦，是一種非常世俗的頭腦，那就是為什麼在美國，商人才是最真實的，掌握金錢的人才是最真實的。

在印度，婆羅門——這些尋找神的人——是最真實的；在歐洲，貴族是最真實的，他們有素養，受過高等教育，為人機敏，精通生活的種種細節：音樂、藝術、詩詞、雕刻、建築、古典舞蹈、語言、希臘文和拉丁文，這些貴族長久以來被生活中的高水準價值所制約，所以他們在歐洲是最真實的。在蘇聯，無產階級與勞工，這些受壓迫、被欺壓的階級是最真實的。在美國，商人是最真實的，他們控制著金錢。

金錢是最競爭的領域。你不必有什麼文化素質，你只需要錢；你不必知道任何音樂、詩詞，也不必知道任何古典文學、歷史、宗教、哲學——不必，不需要，如果你有一大筆銀行存款，你就具備了崇高的地位。這就是為什麼我說它是有史以來最膚淺的頭腦，因為它將一切事物全化為交易，這種頭腦無時無刻在競爭。即使你買了梵谷或畢卡索的畫，你也不是在買畢卡索；你會買是因為隔壁鄰居的展覽室裡有畢卡索的畫作，所以你豈能落人後？你必須和他們平起平坐。

你可能什麼也不知道，甚至連怎麼擺都不會，因為就畢卡索的畫而言，哪邊該朝上，哪邊該朝下，是很難判定的；或許你也不知道那是真品還是贗品，也許你連看都不看一眼，但是因為別人有，別人談論畢卡索，所以你也要展現自己的文化素養。可是那不過是在炫耀你的錢而已。因此，凡是昂貴的、奢華的都被視為意義非凡。

金錢和周遭的人似乎成了決定事物的標準：他們的汽車，他們的房子、收藏的畫、房子的裝潢。人們喜歡蒸氣浴不是因為愛自己的身體，那不是必要的條件，而是心理在作祟——因為每個人都有，如果沒有就好像很窮。如果每個人在山上都有棟別墅，你也要有。或許你不曉得怎麼享受山林，或許你壓根兒就討厭那裡，或許你會帶著電視和收音機上山，就好像在家裡看電視、聽音樂一樣。這和待在家裡又有什麼不同？因為別人有；也許你用不上四部車子，可是卻需要四個車位的大車庫，因為別人有。

我聽說……

路克這個老傢伙和他的老婆是村裡出了名的寒酸夫妻。路克死了之後幾個月，他的老婆也快死了。她氣若游絲地向一個鄰居說：「露絲，替我穿上我的黑色絲綢洋裝，然後火葬。不過在這之前，把黑色的絲綢部分剪去，用它做一套新衣服吧！那麼好的東西我不想浪費了。」

「不能這樣！」露絲解釋說：「當妳和路克登上金色的階梯時，那些天使看到妳衣衫不整會怎麼說？」

「他們不會注意我的，」她說：「當初路克連褲子都沒穿就火葬了。」

總是擔心別人——路克沒穿褲子，所以每個人都會注意他；美國人的顧慮總是和別人有關……

你見過小孩毫無理由地，只是跑跳、喊叫、跳舞嗎？因為他一無所有。如果你問他：「你為什麼這麼快樂？」他將無法回答你，他會以為你真的瘋了，快樂需要任何的理由嗎？他只會對「為什麼」感到驚訝，他會聳聳肩，然後繼續他的快樂，再度開始歡唱和跳舞。小孩一無所有，他還不是一個首相，他還不是美國總統，他還不是一個洛克斐勒；他什麼都沒有——或許只有幾個從海灘蒐集到的貝殼，就這麼多。

美國人的生命結束於生命完結之時。當肉體死亡，美國人也結束了；因此，美國人非常怕死，因為對死亡的恐懼，美國人不斷致力以種種方式延續生命，有時甚至到了荒謬的程度。當今有許多美國人只是像個植物一樣躺在醫院裡，那裡是他們的避難所；他們並沒有活著，他們已經死去很久了。他們藉由醫生、藉由現代設備及種種方法，緊抓著身體不放。

他們對死亡的莫大恐懼就是認為：一旦你走了，你就永遠走了，什麼也不剩——因為美國人對身體以外的事物是一無所知的。

倘若你只曉得身體，你會變得非常貧瘠。首先，你會一直害怕死亡，而且一個害怕死亡的人會害怕去生活，因為生和死是密切相連在一起的，所以你若害怕死亡，你也會害怕生命；死亡是生命帶來的，所以倘若你害怕死亡，那麼你怎麼可能真正去愛生命呢？恐懼將會存在，因為死亡是生命帶來的，因此你會無法全然地活出生命。

如果你認為死亡將終結一切，那麼你會汲汲營營地追逐一輩子；因為死亡不斷在逼近，所以你不能耗在那裡。因此美國人狂熱地追求速度，他們想要速成一切，因為死亡不斷在逼近，所以在死前要盡力應付一切，為生命汲取大量經驗，因為一旦你死了，你就結束了。

這形成了極大的無意義感，當然也製造了痛苦、焦慮；如果死後什麼也不剩，那麼你就無法深入任何事物，任何作為都無法滿足你；如果死亡就是終點，什麼也不剩，那麼生命便不可能有什麼重大意義，這樣的生命就是白癡在胡言亂語，只是一團狂暴與噪音，了無意義。

像鮑爾宗派（Bauls；譯注：孟加拉的神祕主義）這類有意識的人，他們知道自己住在身體但卻不是身體，他愛惜身體，身體是他的住所、他的房宅、他的家；他不會反對身體，因為反對自己的家是愚蠢的，而且他也不是唯物論者。他是務實的、非常切合實際，但卻不是唯物論者；他知道凡是會死的都是不死的，死亡會降臨，但生命卻始終延續著。

我聽說……

在喪禮儀式結束之後，殯儀社的承辦人德斯蒙發現自己身旁站著一個比逝者年輕的紳士。「你也是他的親戚嗎？」德斯蒙問著。

「沒錯！」那個人回答說。

「您今年貴庚？」

「九十四歲。」

「嗯……」德斯蒙說：「恐怕你是到不了家了。」

這樣的概念徹頭徹尾都是身體的：如果你已經九十四歲，那就該結束了！回家將變得很困難，倒不如死掉比較好，因為幹嘛要回去呢？反正你就快要找他報到了。很難……如果死亡是唯一的真相，那麼不論你是九十四歲還是二十四歲，那有差別嗎？只不過差個幾年而已。如此的話，年輕人會覺得自己已經老了，而小孩也會覺得自己已經死了。一旦你將身體視為僅有的生命，那還有什麼意義？何必還帶著這個累贅？

卡謬唯一寫過的形而上的人性問題是自殺。我同意他的看法，他說：如果身體是唯一的真相，在你裡頭沒有任何超越身體以外的存在，那麼當然最重要的就是去思索、沉思和冥想這個問題：何不自殺算了？何必等到九十四歲呢？何必在生命的路上受苦受難？明天再度醒來的目的何在？似乎一點意義也沒有。

因此，美國人一方面汲汲營營，企圖廣納經驗，不想有任何錯過。他跑遍了全世界，從一個城鎮到另一個城鎮，從一個國家到另一個國家，從一間旅店到另一間旅店，從一個大師到另一個大師，從一間教堂到另一間教堂，為的是找尋，因為死亡即將降臨。一方面，他不斷在瘋狂追逐，另一方面卻深深地憂慮著事事都是無用的——因為死亡會終結一切。

所以不管你是富有還是貧窮、聰明還是愚笨，不管你轟轟烈烈地愛過還是錯過，那又有何差別？死期一到，每個人都一樣：智者、愚者，聖人、罪人，覺者、凡夫，全都埋進土裡消失。所以這一切為的是什麼？不管是成佛、成為耶穌還是猶大（Judas），那又有何不同？耶穌死在十字架上，猶大隔天自殺身亡——這兩人全都化為塵土。

一方面你唯恐錯過別人可能達成的，另一方面又怕就算得到了，其實什麼也沒得到。就算成功，你也沒達成什麼，因為死亡會降臨，毀掉一切。

**一個有意識的人活在身體中，愛身體、慶祝身體，但是他不是身體。**他領悟到自己裡頭還有超脫一切死亡的，他曉得還有無法被時間摧毀的永恆。他是透過靜心、愛、祈禱才有了這種體悟，體悟到自己內在的本性。他是無畏的，他無懼死亡，因為他曉得生命是什麼；他也不會追逐快樂，因為他曉得神無時無刻都給出無限的良機，他只是允許快樂發生而已。

你沒看到草木根植在大地上嗎？它們哪兒都去不了，可是還是很快樂；它們不能追逐快樂，當然，它們無法動身去找尋快樂。它們根植於大地，無法移動，可是你看不到它們的快樂嗎？難道你看不見它們在風雨中的喜悅與滿意嗎？你感覺不到它們在跳舞嗎？……植物根植在地上，哪兒也不去，可是生命依然拜訪它們。

一切都會降臨的，只要你創造出那樣的接受能力；一切都會降臨的，只要你允許，生命早已準備發生在你身上。

可是你製造了許多障礙，而且最大的障礙就是追逐，生命每每前來敲你的門，可是因為你馬不停蹄地追逐和奔走，所以它從來就找不到你，因為你始終在別的地方。你不斷追逐著生命，而生命也不斷追著你跑，所以彼此永遠碰不到面。

存在……只要存在，耐心地等待。

# 身心靈的和諧

你的身體是能量，你的心理是能量，你的靈魂也是能量，那麼這三者有何差異？差異僅在於不同的節奏、不同的波長，如此而已。身體是顯而易見的，它的能量以一種粗略的、顯而易見的方式在運作。

心理則更微妙一點，但仍然不是很微妙，因為只要閉上雙眼，你就能夠看到思想在運轉，思想是看得到的。思想不像身體一樣顯而易見，你的身體每個人都看得見，它公開在眾人的面前；你的思想則私下才看得見的，別人無法看見你的思想，只有你、或者是那些具有看透別人思想能力的人才看得見，但是一般而言，別人是看不見的。

最後則是你內在終極、屬於意識的那個層次，甚至連你也看不見。它無法被簡化為客體，它一直是主體。

如果這三種能量能夠和諧地一起運作，你就是健全的、完整的；如果它們無法和諧運作，你就是生病的、不健全的，你將不再完整。相反的，成為完整就是至善。

我的努力就是要幫助你的身體、心理和意識處在一種和諧的節奏，親密無間地舞動，沒有絲毫的衝突，而是互助合作……

意識是能量，最純粹的能量，心理不及它那麼純粹，身體則更加次等；身體非常混雜，心理也不是完全純淨的，意識是完全純粹的能量。但是唯有三者成為和諧的宇宙，而不再混沌不明，你才可能領悟到這樣的意識。

人活在一團混沌裡，他的身體有所主張的往某個方向去，可是他的心理卻不以為意——因為長久以來，你被教導說你不是身體，說身體是你的敵人，說你必須對抗它、摧毀它，因為身體是罪惡。因為長久以來都是這些幼稚、愚蠢、有害和有毒的教導，所以形成一種集體心理，它阻礙著你去體驗你和身體同一個節奏的舞蹈。

因此我才強調跳舞和音樂，因為唯有舞蹈才能讓你感覺到自己的身體，你的心理和身體是一起運作的，如果它們能和諧地運作，那種喜悅和富足將是無止盡的。

意識是能量的最高形式，當這三種能量同心協力地運作，「第四的」就會出現，它向來會出現在前三種能量和諧運作的時候；當這三種能量有機地統合時，「第四的」就會永遠在那裡，「第四的」不過是有機的統一體。

在東方，我們只是稱它為「第四的」——turiya，沒有賦予它任何名稱。前三者都有名稱，「第四的」則沒有。領悟「第四的」就是領悟神，讓我們這樣說：**當你是一個抵達高峰的有機整體之時，神就存在**；當你是一團混亂、充斥著不一致與衝突之時，神就不存在。當你違逆自己，變得支離破碎之時，神就不存在。

當你對自己、對自己本然的樣子感到莫大的快樂、喜樂，並對此感激，而且所有的能量都共同歡舞著，當所有的能量成了交響樂團的時候，神就存在，那種完整的一體感就是神。神不是某位人士，神是這種體驗：三種能量融為一體而形成「第四的」，這個「第四的」不只是前三者的總合而已。

如果你剖析一幅畫，你會得到畫布和顏料，可是這幅畫不只是畫布與顏料的總合，它還有更多的內涵。「更多的內涵」藉著繪畫、顏料、畫布、藝術家表達出來，這個更多的內涵就是美。如果你解剖一朵玫瑰花，你會發現所有的化學元素和組成的物質，可是美感卻不見了，這朵花不只是部分的總和而已，它還有更多的內涵。

**整體大於部分的總合，整體透過部分來呈現，但不只是這樣而已。**領悟那超越的部分就是領悟神，神就是那超越的、那多出來的部分。這個部分不是一個神學的問題，不可能由邏輯的論證得出解答。你必須去感受美，你必須去感受音樂、感受舞蹈，最後是要去感受自己身心靈的舞蹈。

你必須學習如何指揮這三種能量，好讓它們變成一支交響樂團，那麼神就在那裡了——不是說你看到神，沒有什麼要看的；神是終極的觀看者，祂是觀照。你要嘗試整合這三者，學習如何將身心靈融為一體的方法。

這已在跑步者的身上發生過許多次了……你不會視跑步為一種靜心，然而跑者有時卻能夠感受到莫大的靜心。這令他們驚訝，因為他們並沒有這樣的企圖——有誰會認為跑步能體驗到神呢？可是確有此事，而且現在跑步也漸漸成了一種新的靜心。

跑步有可能體驗到神，如果你曾經跑步，如果你享受過晨跑，享受過清新的空氣，享受著即將從睡夢中醒來的世界，你的身體隨著跑步曼妙地動著，黑夜再次誕生出清新的空氣與新的世界，周遭的萬物都在歌唱，你感到那麼活生生……當跑者消失的那一刻，只剩下跑步，身心靈開始一致運作，剎那間，內在的高潮就迸現。

跑者有時候會出其不意地經歷到那「第四的」，雖然他們無法領會，他們以為只是因為跑步帶給他們的片刻的享受，以為只是那一天很美好、身體很健康、世界很美好而已，以為那不過是一種心情而已，他們並不以為意。然而如果他們能夠注意看，那麼我認為跑者能夠比其他人更容易達到靜心。慢跑有很大的幫助，游泳也有很大的幫助，這一切都必須被轉化為靜心。

摒棄在樹下靜坐的瑜伽姿勢才是靜心的這種舊觀念，那只是方法的一種，也許適合某些人，然而並不是所有的人都適合，這對小孩而言是種折磨，根本不算是靜心。對一個活蹦亂跳的年輕人而言，那是壓抑，不是靜心。或許對一個能量已經衰退的老人來說才是靜心。

每個人都是不一樣的，有許多不同類型的人。對某些能量比較低的人而言，瑜伽的靜坐姿勢也許就是最好的靜心，因為瑜伽姿勢最不損耗能量。當脊椎與地面垂直九十度時，身體損耗的能量最小，如果身體稍有傾斜，那麼身體會開始損失較多的能量，因為地心引力拉著你，你必須撐住才不會垮掉，這是代價，而挺直的脊椎被發現最不耗損能量。

這種手掌疊在一起的坐姿對能量低的人非常有幫助，因為當雙手相互接觸時，身體的電場開始在一個圓圈裡移動，能量不會跑出你的身體，因為它已成了一個內在的循環，能量只在你裡頭移動。

你一定知道，手指經常是能量釋放之處，能量絕不會從渾圓處釋放。譬如說，你的頭無法釋放能量，反倒是會容納能量。能量會從手指、腳趾與手臂釋放。盤腿是某些瑜伽的姿勢，其中一隻腳和手把能量釋放給另一隻腳和手，你不斷從自己得到能量，你成了一個內在的能量圈，那是非常靜止的、非常放鬆的。

這種瑜伽姿勢幾乎是最放鬆的姿勢，甚至比睡覺還來得放鬆，因為睡覺的時候，整個身體是被地心引力所牽引的。水平的姿勢是一種完全不同方式的放鬆，因為它帶你回到動物時期，因為動物的肢體呈水平方向，這個姿勢有助你再退化回動物的層次，所以能使你放鬆。

那就是為什麼躺著令你無法清晰思考，躺著思考是困難的，試試看，這樣你會很容易就睡著，可是卻無法輕易思考；要思考的話，你必須坐著，這樣才可能好好地思考。思考是一種後來的現象，在人類能夠站立之後，思考才接著出現。人類從前是地上爬的生物，能夠做夢但無法思考，因此躺著的時候你會做夢，此時是沒有思想的。那是一種放鬆，因為思考停止了，你退化到動物的層次。

這種瑜伽姿勢對那些能量比較低的、生病的、年老的、已經活過整個生命，即將邁向死亡的人是適合的靜心方式。

有千千萬萬的佛教僧侶以蓮花坐（跏趺坐）的姿勢死去，因為這種姿勢是接受死亡的最好方式——因為能量即將消失，能量隨著每一個片刻愈變愈少，死亡就要降臨，可是藉著蓮花坐姿，你可以保持完全的警覺。你可以在蓮花坐中警醒至最後一刻。**能警醒地死去是最偉大的經驗之一，是最終極的高潮。**

如果能夠在死亡時保持清醒，你將以一種完全不同的狀態誕生：你會清醒地出生。死於清醒將會誕生於清醒，死於無意識則會誕生於無意識；一個在覺察中死去的人，能夠選擇比較適合自己的子宮投胎，他能夠選擇，這是他掙得的。一個死於無意識的人是無從選擇的，他下輩子的投胎也會是無意識的、偶然的發生。

如果一個人可以完全警覺地死去，那麼他將只會再來塵世一次，因為下一世就足以完成待完成的，再來就是多餘的。帶著覺知死去的人只剩下一件事：因為今世來不及將覺知以慈悲的形式流露出來，所以必須留待下一世，而且，除非覺知化為慈悲，否則事情就未完成，尚未達到完美的境界。

跑步也能成為一種靜心——慢跑、跳舞、游泳，任何事物都能夠成為靜心。我給靜心的定義是：當身心靈節奏一致地運轉，那就是靜心，因為那引生了「第四的」。如果你夠警覺，將它們視為靜心——不是當成奧運競賽，而是當作在靜心，那就是無與倫比的美妙……

可是有一個基本條件，不論什麼樣的靜心都要滿足這個條件：你的身體、心理和意識必須是個合作無間的整體。那麼有一天「第四的」就會出乎意料地降臨，那就是觀照，或者稱之神、涅槃、道，隨你怎麼稱呼都行。

## 從追尋目標到慶祝

一個感覺自己就是身體的人向來都是匆忙的，這就是為什麼西方會這麼匆忙、這麼著迷於速度，基本上那是一種對身體的認同。生命正從你手中飛逝，所以要趕快、立刻做些什麼，要趕快，否則你會錯過，而且要找到更好、更快的工具來做。

速度已然成了一種狂熱——如何以最快的速度到達某處，速度成了唯一的關切，沒有人會在乎為什麼要去那裡。你去的動機不是重點，反正就是要迅速到達，當你抵達後，你又會開始想到達另一個地方。

頭腦一直都處在狂熱狀態，基本上是因為我們將周圍的部分當成自己，但是身體會死，所以人就不斷為死亡所困擾。死亡依舊是西方的禁忌，西方已經打破了一個禁忌——性的禁忌，可是比這個更根深柢固的第二個禁忌仍舊存在，需要某些如佛洛伊德的人來打破。

人們不願談論死亡，就算要談，也要婉轉地談，說死者是蒙主召見，永眠於天堂。但是如果人真的只能存活於身體，那麼他哪兒也去不了，死了就是死了——然後化為一坏黃土，而且就算他投胎轉世到另一個身體，他也不知道，反倒是全忘了這回事。

另一種就是警醒到自己的內在意識。身體是笨重的、顯而易見的、摸得著的、表面的、有形的；意識則是看不見的，不是那麼顯而易見，你必須潛入它。這需要下工夫，需要你去承諾不斷探索自己的本性。這是一趟長途旅行，可是當你開始感到自己是意識的時候，你就是活在一個完全不同的世界。那麼匆忙就不存在，因為意識是永恆的，同時煩惱也不存在，因為意識不曉得何謂疾病、死亡、挫敗。

如此一來，任何的找尋都是多餘的。身體缺乏一切，所以才不斷創造出欲望，身體是個乞丐；但是意識是帝王——它擁有全世界，它是主人。一旦領悟了自己的內在本性，你就放鬆了，此時生命不再是個欲望，而是慶典，一切都俱足了：日月星辰、山河，還有人類——萬事都俱足了。你必須這麼去過活。

你必須這麼去探索，生命就是這麼一回事：一場深入意識的探索。它在那裡，但卻是個隱密的寶藏。當你有一個寶物的時候，你會將它好好地藏起來，才不會讓別人偷走。神已經將意識藏在你最深處的核心。身體只是入口，不是最深處的神殿，可是許多人只是待在門口，以為那就是生命，從不曾進入自己本性的殿堂。

讓生命成為一回走進自己的旅程，使用身體、愛護身體，它是個美妙的機制、珍貴的禮物，它有著無限的奧祕——可是別認同於它。身體不過是架飛機，你是駕駛員；飛機很美也很有用處，然而駕駛員並不是飛機，而且他必須牢記這兩者是有差別、有距離的，他必須保持疏遠、漠不關心，因為他是這個交通工具的主人。

因此，**把身體當成交通工具，意識才是主人**。

在放鬆的狀態裡，你的能量沒有要往哪兒去，既不前往未來、也不回到過去，它只是與你同在。你整個人沉浸在自己溫暖的靜謐之湖中，這個片刻就是全部，再也沒有其他的時刻。時間已然停止，放鬆就因此發生了；如果時間還存在，放鬆就不存在。再簡單不過了，如果時鐘停止，時間就不存在，這個片刻就是一切，你將不假他求，而是享受在其中。你將能享受任何平凡的事物，因為它們是美的，事實上，沒有什麼是平凡的——如果神是存在的，那麼萬事萬物都是不凡的。

只是一些小事……散步在朝露猶存的草地上，只是在那裡全然感受——撫摸草地，感覺他們的質地，感覺清涼的露珠，感覺清晨的風、旭日東升。你還需要更多的快樂嗎？你還可能更快樂嗎？晚上只是躺在自己的被窩裡，感受它的質地，感覺它愈來愈暖和，浸淫在黑暗中，夜晚的寧靜籠罩了你……閉上眼睛的你只感覺到你自己，如此的你還能奢求些什麼？已經太足夠了，你會因此深深感激——這就是放鬆。

放鬆意謂著這個片刻已然俱足，不可能再進一步要求和期待。無所求，足夠到不可能再欲求——那麼能量永遠不會跑到別處去，而是成為一潭寧靜的湖，你融化在自己的能量裡，這樣的片刻就是放鬆。

放鬆既不屬於身體也不屬於心理，放鬆屬於整體。這就是為什麼諸佛會不斷強調——無欲。因為他們知道如果欲望還在，你就不可能放鬆；他們一直說：「埋葬過去。」因為如果你太在乎過去，你是不可能放鬆的；他們不斷在說：「享受這個當下。」

耶穌說：「瞧瞧百合，留心看田裡的百合——不慌不忙的她們顯得更美妙，甚至比所羅門王更燦爛，她們美妙的風韻更甚於所羅門王，瞧！仔細看看百合！」

祂在說什麼？祂是在說：「放鬆！你不必為什麼操煩。事實上，一切都俱足了。」耶穌說：「如果神會照顧著風中的鳥兒、動物、野獸、草木和星星，那你還擔心什麼？難道祂不會照顧你嗎？」這就是放鬆。你何必那麼擔心未來呢？仔細看看百合，瞧瞧她們，向她們學習——這樣你就放鬆了。

**放鬆不是一種姿勢，放鬆是能量的徹底轉化。**

能量有兩種面向。一種是有目的的，想要前往某處、某個目標，這個片刻只是一個手段，要達成的目標在別處。這是你能量的一個面向，這個面向是活動的、目標取向的。這麼一來，一切事物都成了手段，事物必須以某種方式被完結，然後去到目標，如此才可放手。然而這種能量永遠到不了目標，因為它時時刻刻都成了未來另一個目標的手段，目標始終在地平線的那端，你不斷向前奔去，可是離目標還是一樣遙遠。

不，能量還有另一種面向，這個面向是沒有目的的慶典。目標就在此時此地，目標不在他方。事實上，你就是目標；事實上，沒有比這個片刻更令人滿足的——仔細瞧瞧百合。當你就是目標，當目標不在未來的時候，當沒有什麼要去達成的時候，你所需要的只是慶祝，因為你已經達成了，目標就在那裡。這就是放鬆，不帶有目的的能量。

因此，我認為世上有兩種人，目標取向的追尋者以及慶祝者。目標取向的人是瘋子，他們到處跑來跑去，愈來愈瘋狂，而且他們的瘋狂是自找的；這樣的瘋狂有它自身的能量，他們的瘋狂會與日俱增，然後徹底失控。另一種人不是目的找尋者，他根本不是找尋者，而是慶祝者。

我要教你的是：成為一個慶祝者。慶祝！你已經很富饒了，花朵盛開，小鳥歌唱，太陽高掛在天邊，慶祝吧！你呼吸著，你活著，你有意識——慶祝吧！那麼你會馬上放鬆下來，緊張、痛苦就不見了。以前是痛苦的能量現在全部成了感激，你整顆心帶著深深的感激在跳動，那就是祈禱。祈禱就是這麼一回事：帶著一顆深深感激的心。

不必為放鬆做些什麼，只要了解能量的運作，它是無所求的。能量流動，但是沒有什麼目的，只是因為慶祝而流動；它毫無目的地移動，因為它洋溢著能量。

一個小孩四處舞動著、跳躍著、跑來跑去，如果你問他：「你要去哪裡？」但是他哪裡也不去，他會覺得你很愚蠢，小孩總是覺得大人很蠢。當有一個無聊的問題出現：「你要去哪裡？」他會覺得，有必要去哪裡嗎？他將無法回答你，因為那文不對題；他沒有要去哪裡，他只會聳聳肩說：「沒有。」於是那個目的取向的頭腦就會問：「那你為何跑來跑去？」因為對我們來說，有目的的活動才具意義。

可是我要告訴你：無處可去——因為這裡就是全部。整個存在在這裡達到最高潮，它完全凝聚在這個片刻，存在全部都傾注在這個片刻——就在此時此地。一個小孩只是享受著能量，他擁有太多；他奔跑不是因為要去哪裡，而是因為他的能量太多，所以他必須跑來跑去。

沒有目的地行動，只須洋溢你的能量。分享，但是不要計較，不要變成交易；因為你擁有而給與，不要為了想獲得而給與，不然你會因此痛苦。所有的生意人都會很悲慘，如果你想找最厲害的生意人和談判者，去地獄找，那裡找得到。天堂不是為了生意人，天堂是為了慶祝者而設的。

那麼要做些什麼呢？要愈來愈自在，愈來愈處在此時此地，愈來愈多行動（action）、愈來愈少活動（activity）；愈來愈中空、空無、被動，愈來愈是個觀照者——漠然處之，沒有任何期待，無所求。對自己本然的樣子感到快樂，歡喜慶祝。

人活在身體裡頭，但他不是身體。身體是美妙的，它必須被疼愛和敬重，但是人不該忘了自己不是身體，人是身體裡的居民。身體是一座廟宇，它是你的旅店，但你不是它的一部分。身體來自大地，你來自天際，天與地相遇在每一個如同你的有形生命中，那是天與地的一場愛戀。

你死了，可是卻沒有失去什麼，從表面上看來，那彷彿是發生在別人身上的事。身體只是回到大地裡稍作休息，靈魂也回天上休息去了。然後天地一再一再地相遇，這個劇本會永無止境地以無數的形式上演下去。

但是人可能會極度以為自己就是身體，這就是痛苦的起因，如果你覺得「我就是身體」，那麼生命就會變得非常沉重，只要小小的事情就足以干擾你，只要小小的疼痛就能使你心神不寧。

在你與你的身體之間需要一些距離：「我不是身體，我不可能是身體，我是它的意識，因此它是我意識的一個對象，凡是意識的對象都不可能等同於我的意識。意識是觀看、觀照，任何被觀照的都相異於意識。」這樣的覺察可以創造出那個距離。

當這種體驗深入你，痛苦會開始蒸發、消失。這樣的話，痛苦和快樂幾乎是一樣的，成功與失敗也沒有什麼不同，生和死也沒有什麼不同，如此一來，你就不會去選擇，你會活在一種冷靜的無選擇裡，神會在這種境界中降臨。這即是所有宗教在追尋的：冷靜的無選擇，在印度稱為三摩地，在日本稱為三托歷，基督教的神祕家則稱之為狂喜。

「狂喜」是深具意義的，它意謂著站在外頭——站在身體外頭，領悟到自己是與身體分開的，這就是狂喜的意思。一旦狂喜發生，你就是那失樂園的一部分，樂園已失而復得。

蓮花從淤泥裡綻放，
而從塵土裡升起的是——
我們美妙的身體。

# 附錄

## 與你的身體對話

這是靜心的引導：
提醒你已經遺忘的語言，與你的身體和心理的對話。
奧修說：「人們需要被教以如何與身體作朋友。」

這個引導型靜心的過程，是要喚起我們幾乎完全遺忘的語言，那是一種與自己身體溝通的語言。與身體溝通、和它說話、聆聽它的訊息，這些都是古代西藏廣爲人知的一種練習。

這個簡單的技巧源於中國和西藏的奧祕宗派，幾百年來，那裡的師父有技巧地運用頭腦的力量，來治療和影響種種生理功能。

當代醫學現在也不得不承認那些聖者與神祕家所領悟的：頭腦和身體不僅不是

分開的實體，而且還深深地連結在一起。頭腦可以影響身體的處境，就如同身體也可以影響頭腦的處境一樣。

奧修特別爲當代的男人和女人創造了許多靜心技巧。根據奧修的指導，將這些古老的技巧現代化呈現，於二十一世紀的今天重新面世。

一旦你開始與身體溝通，事情將變得非常容易。身體是無法硬來的，你必須說服它。不需要有所對抗——因為那是醜陋的、暴力的、好鬥的，任何衝突都會引發更多、更多的緊張。

所以不需要有任何的衝突——讓舒適成為你的準則。身體是神賜給你的美妙禮物，對抗它就是否定神。身體是一座神龕……我們被珍藏在其中，它是廟宇，我們活在其中，無微不至地照顧它是我們的責任。

所以剛開始的前七天，你會感到有點荒謬……因為不曾有人教導我們和自己的身體說話——但奇蹟能夠透過它發生，不必我們的認知，奇蹟就在發生了。當我對你說話的時候，我的手也伴隨著一種姿勢；我的頭腦在對你說話，把訊息傳達給你，而我的身體則亦步亦趨，身體和頭腦是協調一致的。

當你想舉起手時，什麼也不必做，只要舉起手就可以了；光是那個舉手的想法，身體馬上會照著做，這是奇蹟。事實上，不管是生物學還是心理學都無法解釋其中的原因何在，因為想法歸想法——你想舉手，這是一個想法，然而這個想法是如何轉變成手可以理解的物理訊息呢？而且不費一分一秒——剎那即可，有時候甚至連剎那都不用。

譬如說，在對你說著話的時候，我的手也跟著律動，它們之間沒有一點延遲，身體好像與頭腦是並駕齊驅的。身體很敏銳，你應該學習如何與它說話，這樣的話，事情就會更順利。

——奧修

# 如何使用這張CD

這個簡易的引導型靜心背後的了解是：人們有能力學習如何與自己的身體爲友。我們許多的不適和緊張其實是源於跟自己身體的疏離，不自知地與身體失去連繫，甚至敵視它們才是肇因。

你可以藉著這本書和這個靜心來學習對身體說話，讓身體知道你想要親近它並與它爲友。只需花上這麼一小段時間，之後你將會感激：身體一直在盡心地服侍你、支持你，因爲這種全新的看法，你可以發現與身體合作的新方式，同時把自己帶進更和諧的身心平衡。

和你自己爲友、和你的身心爲友，就是這個靜心的目的。你將覺察到頭腦（mind，亦即心理）的思想和感覺，是如何透過身體來表達的。種種疼痛、病苦、癮頭，譬如暴飲暴食、酗酒、嗜吃甜食等等，就可以藉此獲得治療，也有可能因此而痊癒。

這個靜心是一個機會，能夠啓動你的自癒力，同時讓你深深地放鬆。

這個靜心有三個部分：

**第一階段**　對身體的某個部分，以及整個身體說話。出聲地說比較好，因爲這有助於保持清醒和保持意識。

**第二階段**　和自己的無意識做溝通，你可以針對身體上某部分的不適，也許是哪裡生了病，也許是肥胖的困擾，也許是哪裡疼痛……或者只是希望更有活力、更健康。

在深深的放鬆狀態中，你將連結到自己頭腦的無意識部分，那就是你身體現有處境的緣由；帶著敬意、友善地接近它。

譬如說，如果你面臨體重上的困擾，那麼對此有責任的無意識，將是個非常虔誠的僕人和守衛，任何會令你肥胖的因素，這個守衛都會盡全力治療你、保護你。這個守衛可以在深深的出神狀態裡創造出新的正向方式，讓身體再次自然、健康起來。你能夠藉此方式達到一種全新的了解，了解身體—頭腦（body-mind）這個機制，了解它自行療癒的能力。

**第三階段** 這是一個康復的出神階段，可以使你了解身體、頭腦和靈魂是合而爲一的。

在你開始進行這個技巧之前，無論如何都要記住這些要點：

一、這一點非常重要，如果身上有疼痛出現，或者出現了不舒服的症狀，那可能是某些嚴重疾病的徵兆。這個技巧建議你：帶著這些推測去請教醫生，看看是否眞有其事。

二、奧修認爲，這個對身心說話的技巧，可以用在任何身體已經辦得到的、某種在它能力範圍內的事情。如果你要求身體做不到的事情，那麼你和身體間的信任將會破裂，身體也會停止工作。

如果你眼睛看不見，奧修說：那怎麼可能要它重見光明呢？可是如果是尋常的事，譬如說自行治好偏頭痛、筋骨痠痛，以及其他能力所及的事，那麼這個方法就非常有幫助。

三、別直接對不舒服與病痛說話。病痛不是身體這個有機體的一部分，它們是外在的東西，而且還是與身體對立的。你必須對頭腦／身體（brain/body）說話，而不是對不舒服說話。當症狀消失之後，要為此感謝你的頭腦和身體。

基本上，我們是在對頭腦說話，然後頭腦再向身體說話，可是我們並不懂那種語言。我們曉得，如果要舉起手臂，我們就能夠舉起它，手臂會遵循頭腦的指揮行事。可是對頭腦／身體私底下進行的工作，我們不盡然知道什麼樣的指示才能讓身體遵循。奧修說：「這才是真的三位一體——靈魂、頭腦和身體。靈魂無法直接作為，它只是那個要求病痛離去的人；對身體說話必須交由頭腦來做。」

奧修曾經給體驗過這項靜心的人幾個建議，這些或許對你有所幫助。

減重：先對頭腦說你要給身體一項訊息，要你的頭腦將訊息傳達下去。然後只要告訴身體說：在正常消化的前提下，能夠減輕三公斤或五公斤就很理想，別把改變飲食的話題牽扯進來，只要告訴身體說某些程度的減重是必要的。當目標達成之後，就對身體說維持現狀即可，多減一分、多增一分體重都是不需要的。

偏頭痛：用兩種方式對身體説話。先對整個身體説話，這有助於遣走頭部的疼痛；向身體解釋説疼痛不是天生的，沒有必要抱著不放。然後再直接對頭腦説，用你自己的慣用語告訴它：「我真心愛你，可是這個疼痛是不自然的，擺脱它的時候到了。」當頭痛消失後，提醒你的頭不要再把它抓回來。

## 為這個靜心作準備

這個靜心最深奧的學習是：成爲自己最好的朋友。

因此在你開始這個靜心之前，把一切需要的都安排好，以便在接下來的一個小時不受任何干擾，讓自己能夠深深放鬆地進入這個靜心過程。

準備一條毯子，有需要的時候可以用來保暖。

用幾分鐘的時間想想：有什麼身體的問題或症狀是你想處理的，接著以最好的方式讓自己完全舒坦下來，然後開始播放CD。該做的就是這些了。

# 感謝

在此特地向許多朋友表示感謝與感激，由於他們，喚起你所遺忘的語言：〈與你的身體對話〉這張ＣＤ才有可能問世。

特別要感謝作曲家維特．馬可（Veet Marco），他為這個靜心譜出美妙又富直覺的音樂，也特別感謝沙微塔（Sevita）將其中的旁白翻譯並錄製成中文。阿南多（Anando）和瑪迪塔（Madita）協力製成這份具創造性的作品，同時將之發展成許多不同的語言版本，非常感謝他們以及每一個對這個計畫有所貢獻的人。

# 生命潛能出版圖書目錄

| 心靈塔羅系列 | | 作者 | 譯者 | 定價 |
|---|---|---|---|---|
| ST11003 | 女神神諭占卜卡（44 張女神卡＋書＋絲絨袋） | 朵琳 · 芙秋博士 | 陶世惠 | 780 |
| ST11004 | 守護天使指引卡（44 張守護天使卡＋書＋絲絨袋） | 朵琳 · 芙秋博士 | 陶世惠 | 780 |
| ST11005 | 揚昇大師神諭卡（44 張揚昇大師卡＋書＋絲絨袋） | 朵琳 · 芙秋博士 | 鄭婷玫 | 780 |
| ST11006 | 神奇精靈指引卡（44 張神奇精靈卡＋書＋絲絨袋） | 朵琳 · 芙秋博士 | 陶世惠 | 850 |
| ST11007 | 大天使神諭占卜卡（2009 年新版）（45 張大天使卡＋書＋絲絨袋） | 朵琳 · 芙秋博士 | 王愉淑 | 780 |
| ST11008 | 古埃及神圖塔羅牌（2009 年新版）（78張塔羅牌＋書＋神圖占卜棋盤） | 白中道博士 | 蕭靜如繪圖 | 980 |
| ST11009 | 聖者天使神諭卡（44 張聖者天使神諭卡＋書＋絲絨袋） | 朵琳 · 芙秋博士 | 林素綾 | 850 |
| ST11010 | 白鷹醫藥祕輪卡（46 張白鷹醫藥卡＋書＋絲絨袋） | 瓦納尼奇 & 伊莉阿娜 · 哈維 | 邱俊銘 | 850 |
| ST11011 | 生命療癒卡（50 張療癒卡＋書＋絲絨袋） | 凱若琳 · 密思博士 & 彼德 · 奧奇葛羅素 | 林瑞堂 | 850 |
| ST11012 | 天使療癒卡（44 張天使療癒卡＋書＋絲絨袋） | 朵琳 · 芙秋博士 | 陶世惠 | 850 |
| ST11013 | 指導靈訊息卡（52 張指導靈訊息卡＋書＋絲絨袋） | 桑妮雅 · 喬凱特博士 | 邱俊銘 | 850 |
| ST11014 | 神奇美人魚與海豚指引卡（44 張指引卡＋書＋絲絨袋） | 朵琳 · 芙秋博士 | 陶世惠 | 850 |

| 兩性互動系列 | | 作者 | 譯者 | 定價 |
|---|---|---|---|---|
| ST0208 | 你這話是什麼意思？——終結伴侶間的言語傷害 | 派翠西亞 · 依凡絲 | 穆怡梅 | 220 |
| ST0216 | 女性智慧宣言 | 露易絲 · 賀 | 蕭順涵 | 200 |
| ST0217 | 情投意合溝通法 | 強納生 · 羅賓森 | 游琬娟 | 240 |
| ST0218 | 靈慾情色愛 | 許宜銘 | | 200 |
| ST0220 | 彩翼單飛 | 雪倫 · 魏士德 · 克魯斯 | 周晴燕 | 250 |
| ST0226 | 婚姻診療室——以現實療法破解婚姻難題 | 蓋瑞 · 查普曼 | 陳逸群 | 250 |
| ST0227 | 愛的溝通不打烊——讓你的婚姻成為幸福的代名詞 | 瓊恩 · 卡森 & 唐恩 · 狄克梅爾 | 周晴燕 | 280 |
| ST0229 | Office 男女大不同：火星男人與金星女人職場輕鬆溝通 | 約翰 · 葛瑞博士 | 邱溫 & 許桂綿 | 320 |
| ST0230 | 男女大不同：火星男人與金星女人的戀愛講義 | 約翰 · 葛瑞博士 | 蘇晴 | 320 |

| 健康種子系列 | | 作者 | 譯者 | 定價 |
|---|---|---|---|---|
| ST9002 | 同類療法 I —健康新抉擇 | 維登 · 麥凱博 | 陳逸群 | 250 |
| ST9003 | 同類療法 II —改善你的體質 | 維登 · 麥凱博 | 陳逸群 | 300 |
| ST9005 | 自我健康催眠 | 史丹利 · 費雪 | 季欣 | 220 |
| ST9010 | 腦力營養策略 | 藍格& 席爾 | 陳麗芳 | 250 |
| ST9011 | 飲食防癌 | 羅伯特 · 哈瑟瑞 | 邱溫 | 280 |
| ST9012 | 雨林藥草居家療方 | 阿維戈& 愛普斯汀 | 許桂綿 | 280 |
| ST9014 | 呼吸重生療法——身心整合與釋放壓力的另類選擇 | 凱瑟琳 · 道林 | 廖世德 | 250 |
| ST9018 | 靈性治療的藝術 | 凱思 · 雪伍 | 林妙香 | 270 |
| ST9019 | 巴哈花療法，心靈的解藥 | 大衛 · 威奈爾 | 黃寶敏 | 250 |
| ST9021 | 逆轉癌症——恢復生命力的九大自療療程（附引導式自療冥想 CD） | 席瓦妮 · 古曼 | 周晴燕 | 250 |
| ST9022 | 印加靈魂復元療法——跨越時間之河修復生命、改造未來 | 阿貝托 · 維洛多博士 | 許桂綿 | 280 |
| ST9023 | 靈氣 108 問——以雙手傳遞宇宙生命能量的新時代療法 | 萊絲蜜 · 寶拉 · 賀倫 | 欣芬 | 240 |
| ST9024 | 印加巫士的智慧洞見——成為地球守護者的操練與挑戰 | 阿貝托 · 維洛多博士 | 奕蘭 | 280 |
| ST9025 | 靈氣為你帶來豐盛——遠離匱乏、體驗豐盛的 42 天靈氣方案 | 萊絲蜜 · 寶拉 | 胡澤芬 | 220 |
| ST9026 | 不疼不痛安心過生活——解除你的疼痛 | 克利斯 · 威爾斯 & 葛瑞姆 · 諾恩 | 陳麗芳 | 280 |
| ST9027 | 印加能量療法（新版）——一位心理家的薩滿學習之旅 | 阿貝托 · 維洛多博士 | 許桂綿 | 300 |
| ST9028 | 靈氣心世界——以撫觸與覺知開展生命療癒 | 寶拉 · 賀倫博士 | 胡澤芬 | 280 |
| ST9029 | 印加大夢——薩滿顯化夢想之道 | 阿貝托 · 維洛多博士 | 許桂綿 | 320 |
| ST9030 | 聲音療法的 7 大祕密 | 強納森 · 高曼 | 奕蘭 | 270 |
| ST9031 | 靈性按摩——品嚐靜心與能量共鳴的芬芳 | 莎加培雅 | 沙微塔 | 450 |
| ST9032 | 肢體療法百科——身心和諧之旅的智慧導航 | 瑪加 · 奈思特 | 邱溫 | 360 |
| ST9033 | 身心合一（新版）——探索肢體心靈的微妙互動 | 肯恩 · 戴特活德 | 邱溫 | 320 |
| ST9034 | 療癒之聲——探索諧音共鳴的力量 | 強納森 · 高曼 | 林瑞堂 | 270 |
| ST9035 | 家族排列釋放疾病業力 | 伊絲 · 庫什拉博士 & 克里斯帝 · 布魯格 | 張曉餘 | 320 |
| ST9036 | 與癌細胞和平共處 | 麥克 · 費斯坦博士 & 派翠西亞 · 芬黎 | 江孟蓉 | 320 |
| ST9037 | 創造生命的奇蹟：身體調癒 A-Z | 露易絲 · 賀 | 張學健 | 280 |
| ST9038 | 身心調癒地圖 | 黛比 · 夏比洛 | 邱溫 | 360 |

| 奧修靈性成長系列 | | 作者 | 譯者 | 定價 |
|---|---|---|---|---|
| ST6001 | 成熟——重新看見自己的純真與完整 | 奧修 | 黃瓊瑩 | 280 |
| ST6002 | 勇氣——在生活中冒險是一種喜悅 | 奧修 | 黃瓊瑩 | 300 |
| ST6003 | 創造力——釋放內在的力量 | 奧修 | 李舒潔 | 280 |
| ST6004 | 覺察——品嘗自在合一的佛性滋味 | 奧修 | 黃瓊瑩 | 300 |
| ST6005 | 直覺——超越邏輯的全新領悟 | 奧修 | 沈文玉 | 280 |
| ST6006 | 親密——學習信任自己與他人 | 奧修 | 陳明堯 | 250 |
| ST6009 | 存在之詩——藏密教義的終極體驗 | 奧修 | 陳明堯 | 320 |
| ST6011 | 瑜伽——提升靈魂的科學 | 奧修 | 林妙香 | 280 |
| ST6012 | 蘇菲靈性之舞——讓自我死去的藝術 | 奧修 | 沈文玉 | 320 |
| ST6013 | 道——順隨生命的核心 | 奧修 | 沙微塔 | 300 |
| ST6015 | 喜悅——從內在深處湧現的快樂 | 奧修 | 陳明堯 | 280 |
| ST6016 | 歡慶生死 | 奧修 | 黃瓊瑩 | 300 |
| ST6017 | 與先哲奇人相遇 | 奧修 | 陳明堯 | 300 |
| ST6019 | 脈輪能量書 I——回歸存在的意識地圖 | 奧修 | 沙微塔 | 250 |
| ST6020 | 脈輪能量書 II——靈妙體的探索旅程 | 奧修 | 沙微塔 | 250 |
| ST6021 | 聰明才智——以創意回應當下 | 奧修 | 黃瓊瑩 | 300 |
| ST6022 | 自由——成為自己的勇氣 | 奧修 | 林妙香 | 280 |
| ST6023 | 奧修談禪師馬祖道一——空無之鏡 | 奧修 | 陳明堯 | 280 |
| ST6024 | 奧修談禪師南泉普願——靈性的轉折 | 奧修 | 陳明堯 | 280 |
| ST6026 | 女性意識——女性特質的慶祝與提醒 | 奧修 | 沈文玉 | 220 |
| ST6027 | 印度，我的愛——靈性之旅 | 奧修（附「寧靜乍現」VCD） | 陳明堯 | 320 |
| ST6028 | 奧修談禪師趙州從諗——以獅吼喚醒你的自性 | 奧修 | 陳明堯 | 250 |
| ST6029 | 奧修談禪師臨濟義玄——超脫理性的師父 | 奧修 | 陳明堯 | 250 |
| ST6030 | 熱情——真理、神性、美的探尋 | 奧修 | 陳明堯 | 280 |
| ST6031 | 慈悲——愛的極致綻放 | 奧修 | 沈文玉 | 270 |
| ST6032 | 靜心春與夏——奧修與你同在 | 奧修 | 陳明堯 | 220 |
| ST6033 | 靜心秋與冬——奧修與你同在 | 奧修 | 陳明堯 | 220 |
| ST6034 | 蓮花中的鑽石——寂靜之聲與覺醒之鑰 | 奧修 | 陳明堯 | 320 |
| ST6035 | 男人，真實解放自己 | 奧修 | 陳明堯 | 300 |
| ST6036 | 女人，自在平衡自己 | 奧修 | 陳明堯 | 300 |
| ST6037 | 孩童，作自己的自由 | 奧修 | 林群華 | 320 |
| ST6038 | 愛、自由與單獨 | 奧修（附演講 DVD） | 黃瓊瑩 | 350 |
| ST6039 | 奧修談禪 | 奧修（附演講 DVD） | 陳明堯 | 280 |
| ST6040 | 奧修談情緒 | 奧修（附靜心音樂 CD） | 沈文玉 | 280 |
| ST6041 | 奧修自傳：叛逆的靈魂 | 奧修（附演講 DVD） | 黃瓊瑩 | 450 |
| ST6042 | 身心平衡——與你的身體和心理對話 | 奧修（附放鬆靜心 CD） | 陳明堯 | 300 |

## 更多資訊請瀏覽：

www.OSHO.com
這是一個多國語言的網站，內容有雜誌、奧修的書籍、奧修的影音與聲音的演說、英文與印地文（Hindi）的奧修文字資料庫、以及大量的奧修靜心資訊。你也能找到奧修多元大學（OSHO Multiversity）的課程表，還有奧修國際靜心勝地（OSHO International Meditation Resort）的資訊。

與奧修國際基金會聯繫請至：www.osho.com/oshointernational

奧修靈性成長系列42

# 身心平衡：與你的身體和心理對話

原著書名／Body Mind Balancing：Reminding Yourself of the Forgotten Language of Talking to the Body
作　　者／奧修Osho
譯　　者／陳明堯
執行編輯／黃品瑗
主　　編／郎秀慧
經　　理／陳伯文
發 行 人／許宜銘
出版發行／生命潛能文化事業有限公司
聯絡地址／台北市信義區（110）和平東路三段509巷7弄3號B1
聯絡電話／(02)2378-3399
傳　　真／(02)2378-0011
郵政劃撥／17073315（戶名：生命潛能文化事業有限公司）
網　　址／http://www.tgblife.com.tw
E-mail／tgblife@ms27.hinet.net
郵購單本九折，五本以上八五折，未滿$1,000元郵資60元，購書滿$1,000元以上免郵資

總 經 銷／吳氏圖書有限公司．電話／(02)3234-0036
內文排版／普林特斯資訊股份有限公司．電話／(02)8226-9696
印　　刷／承峰美術印刷．電話／(02)2225-7055

隨書附贈引導式靜心音樂CD「與你的身體對話」〈Talking to Your Body〉

2003年8月初版　2012年2月二版
定價：300元

ISBN : 978-986-6323-47-8


國家圖書館出版品預行編目資料

身心平衡：與你的身體和心理對話／奧修（Osho）著；陳明堯譯.—二版.—台北市：生命潛能文化，2012.02
面；公分.—（奧修靈性成長系列；42）
譯自：Body Mind Balancing：Reminding Yourself of the Forgotten Language of Talking to the Body

ISBN 978-986-6323-47-8（平裝附光碟片）

1.靈修
192.1　　100026459

讓生命潛能 帶你探索心靈世界的真、善、美
Life Potential Publishing Co., Ltd